シリーズ・これからの地域づくりと生協の役割 2

くらしとともに 地域とともに

寄りそう力で未来をつくる

永井雅子 著

日本生活協同組合連合会

もくじ

カバーデザイン　タクトデザイン事務所

はじめに

二〇一一年三月一一日、午後二時四六分。

あなたは、その瞬間、どこにいましたか？　何をしていましたか？

かつて、経験したことのない「大きな揺れ」、「長い揺れ」を感じる場所にいた方は、これまでのどの地震とも違う、「気味の悪さ」、「恐怖」、そして「不安」を感じたのではないでしょうか。

東北地方のとりわけ沿岸部に深刻な被害をもたらした大地震と大津波。また、多くの人々を傷つけることになる東京電力の福島第一原子力発電所の事故の発生。

この歴史的な大震災は、その日を境に、日本の多くの人々にそれまでとは違う「何か」をもたらしたのではないでしょうか。

東北地方にくらべ、被害の規模は小さいものでしたが、千葉県も大きな被害を受けました。千葉県北西部に位置する成田《なりた》市、印西《いんざい》市は最大震度六弱。また、県北東部の沿岸地域には津波も襲来しました。

そのほかにも、広範な地域で、液状化によるライフラインの寸断と家屋被害がありました。京葉《けいよう》工業地域では石油コンビナートの大火災も発生しました。

全体的な規模は小さくても、被害を受けた方たちが負った傷は深く、その日を境に、くらしは一変しました。

本書は六〇年を超える歴史を持ち、千葉県全域で宅配や店舗事業を展開している、生活協同組合ちばコープの震災対応と、以後の復興支援の取り組みを記録するために編まれたものです。生活協同組合で働く人たちと関わっている人たちの体験を記録することは、その体験を通じてきっと得た「何か」を探っていくことにもつながるでしょう。

この大震災を通じて、ちばコープで働く人たちが、感じ、問いなおし、胸に刻んだ「何か」を、ともに聞き、みつめていきましょう。耳を澄まして、目を凝らして。

第1章

わたしたちの地域も被災地だった

第1章では、東日本大震災において、千葉県内でとりわけ大きな被害が発生した、旭《あさひ》市と浦安《うらやす》市を宅配事業の配達エリアとして持つ、北総《ほくそう》センターと浦安行徳《ぎょうとく》センターの職員たちが、どのように対応し、そして震災後にそれぞれが得たことなどについて記していきます。

1　変わり果てた地区を目の前にして

《北総地域》

この世の終わりかと思った

生活協同組合ちばコープ（以下、ちばコープ）の宅配センターの一つ、コープデリ北総センター（以下、北総センター）は、太平洋に面した銚子《ちょうし》市、旭市、匝瑳《そうさ》市を含む、千葉県の北東部を配達エリアとしている。センターは、その沿岸地域の内陸の香取《かとり》市にある。二〇一一年三月一一日午後二時四六分。東日本大震災、発生。香取市、旭市は震度五強の大きな揺れとなった。

その日は、卒業式シーズンの金曜日。北総センターの職員、パート職員の中には休みをとっている職員が数名いた。

当時、北総センターで地域担当をしていた、永見知一《ながみともかず》さんは、その日、休んでいる職員の代配だった。旭市の飯岡《いいおか》地区近くの組合員宅に到着し、いつも担当がそうするように、田んぼの脇道にトラックを停車した。商品を降ろして腕で抱え、組合員宅の門をくぐった。

写真① 『千葉日報』2011年3月12日付。

いつも留守だということはわかっていたので、玄関前に商品を置こうとして腰をかがめた、その瞬間だった。

午後二時四六分。

地震だ。大きな揺れだった。永見さんは、動けなかった。

長い揺れが収まり、トラックに戻ろうとして道に出た途端、永見さんは息をのんだ。道には亀裂が走り、地割れが起きていた。自分が運転してきたトラックの左側のタイヤはその地割れに落ち込み、傾いている。付近の住宅は、ある家は後ろに、ある家は前に傾き、崩れている部分もあった。電信柱は横になっていた。（写真①）

永見さんは、「この世の終わりかと思って、まっさきに家族のことが心配になった」

付近の住民が家から飛び出してきた。永見さんには、地震直後にそのあたりに避難警報が鳴り響いた記憶はない。しかし、海から近い地区だった。住民たちは口々に津波がくるかもしれないと言い、避難を始めた。誰も決して冷静ではなかった。

永見さんは、地割れにはまって動かせないトラックを放置して避難することは考えられなかった。センターと、家族と、仲間の携帯に連絡を入れ続けた。家族にはメールを送った。すると、早い段階で、二人の子どもと妻が無事であることを確認できた。自宅は東金《とうがね》市。海から近い。家族は自主的に高台に避難していることを知った。

家族の無事を確認することができ、気持ちは少し落ち着いた。

「この場をどうにかしなければ」と思った。

その間も、トラックがどんどん沈み込んでいくのがわかった。

早く、上司の指示を仰がなければ。永見さんはセンターと仲間の携帯に電話をし続けた。

すると、近くの地区を配達していた鈴木《すずき》浩一《こういち》さんの携帯に電話が繋《つな》がった。鈴木さんに、自分が今いる場所を伝え、応援に来てほしいと訴えた。

鈴木さんの到着を待っている間、一度だけ、センターにも電話が繋がった。しかし、電話の向こうのセンターは大混乱していることがわかった。

「こっちの状況を伝えたんだけど……、うまく伝わらなかった」

三〇分ほどで鈴木さんのトラックが駆けつけた。

センターの指示は仰げない。自分たちでなんとかしなければ、と思った。しかし、自分たちだけではどうしようもないので、誰かに応援を頼もうということに。

永見さんは以前、その近くの地区の配達をしていたことがあった。大型クレーン車を保有している自動車整備会社があったことを思い出した。そのM自動車に職場班があり、配達をしていたのだ。咄嗟《とっさ》に携帯のビデオ動画でトラックの状態を撮影して、鈴木さんのトラックに乗りM自動車に向かった。

すでに一七時頃だった。永見さんは写した動画を見せて、トラックをすくい上げてくれるよう頼んだ。

重機を持っているM自動車は、その後、地域の被害の大きさを考えれば、大変な稼働状態になったはずだ。しかし、地震発生から二時間後は、まだ混乱していなかったと永見さんはいう。旭市内で重機がフル稼働しなければならない状況を引き起こす津波は、まさに、その頃、旭市飯岡地区の沿岸に迫っていた。

永見さんの携帯動画を見たM自動車の人たちは、ユンボ（油圧ショベル）の方がいいということで、ユンボをトラックに積みこみ現場に向かった。

トラックをすくい上げる前に、荷台の商品を鈴木さんのトラックに移した。重機の威力は大きかった。ほどなく、トラックは地割れから持ち上がり、すくい上げることができた。

あれ？　ここに津波が来た？

トラックには大きな損傷はなかった。永見さんはトラックを近くの路肩に停《と》め、残りの配達は鈴木さんのトラックで続けることにした。二人が配達を再開したのは、一七時半くらいだった。

そのとき、二人はトラックのラジオを聞いていた。東北地方に深刻な被害が出ているようだということは察していた。しかし、地割れに落ちた自分のトラックを救出しなければならない状況に対応するだけで、いっぱいだった。

そして、旭《あさひ》市内にも深刻な事態が起きている、その情報を得ることはできなかった。

一七時二六分。旭市飯岡《いいおか》地区に七・六メートルの津波襲来。

永見さんと鈴木さんが向かった配達先は、大きな津波に襲われた地区の少し南の沿岸部だった。道路は陥没したり、地割れがあちらこちらで発生し、通れない状態になっている箇所があった。あたりはすでに暗くなりかけていた。危険箇所を避けながらの走行となり、時間を要した。

地面が濡《ぬ》れていることがわかった。道も濡れていた。周りに水が溜《た》まっているところもあった。トラックで進んで行くうちに、あたりに津波が来たらしいと思った。さらに進むと、道路の脇の自動販売機が横倒しになっていた。地震で倒れたのではなく、津波で倒されたことがわかった。

「あれ？　ここに津波が来た？　自動販売機が倒れるほどの？」

ふだんとは違う状態に麻痺《まひ》していたのか。二人は一刻も早く組合員に商品を届けなければと余計に思った。逃げる、いや避難するという選択肢は思い浮かばなかった。

何人かの組合員は、避難をせずに家に留《とど》まっていて、商品を渡すことができた。そして、何人かは不在だった。留守なのか、避難しているのかはわからなかった。一八時に近い遅い時間だし家の中は真っ暗だったので、商品を玄関先に置いたままにして帰ることはできないと判断し、センターに持ち帰ることにした。

配達先をすべて回り、センターへの帰路についた。地震発生直後は信号が動いていた。しかし、もう信号は灯《あか》りを放ってはいなかった。道路もいつもの状態ではなかった。道を進むほどに、「すごい状況だったんだな」と思った。

センターに無事帰着したのは、二一時近くだった。永見さんが最後の帰着となった。

「みんなが待っていた。みんな帰っているんだろうなと思ってたんですけど。みんな待っていてくれて」

パート職員は、家族や家が心配だろうということで、早くに帰ってもらっていた。上司たちは、職員たちにも帰るように言っていたが、誰一人帰宅する者はなく永見さんの帰りを待っていた。

「荷降ろしとかも手伝ってくれて。最後の最後まで手伝ってくれて。自分の家も大変な状況なのに。いい職場だな」と、仲間の思いやりを感じたそうだ。

待つことしかできなかった

当日、午後の大きな地震に見舞われた北総《ほくそう》センターで、緊急事態対応の指揮を執ったのは副センター長の三島義次《みしまよしつぐ》さんだった。その日、センター長は休みのために不在だった。

「かなり揺れが激しかったので、本当に建物が壊れるかと思いました」と三島さん。

揺れは長く続いた。そこにいた誰もが、そのような〝長い〟揺れを経験したことがなかった。グラグラという揺れではなかった。宅配センターの建物が、まるで大きな手でガッガッガッガッと揺さぶられるような気味の悪い揺れだった。

宅配センターは一階は倉庫、事務所や会議室は二階にある。食堂では、食器棚から食器が床に落ちて割れ大きな音を立てた。三島さんは、事務パート職員を外に避難させた。在室していた営業リーダーの羽賀光司《はがこうじ》さんは、火の元を閉めるために、食堂に走った。

揺れが収まった後、三島さんと羽賀さんはセンター内の点検をした。多くの食器が割れていた。柱と天井に隙間ができていた。配管の一部は地面に飛び出ていた。そして、水が出なくなっていた。電気も停《と》まった。

センターにいた職員たちは、配達に出ている職員全員の安否確認を始めた。

停電のためパソコンは立ち上がらなかった。携帯電話も回線がパンクして、誰にも繋《つな》がらなかった。

事務パート職員たちは担当者の携帯電話に連絡を入れ続けた。しかし、繋がらなかった。

「職員は無事なのか？」。三島さんは、心配で心配で、仕方がなかった。とくに配達パート職員は、配達どころではないだろう。子どもや家族のことが心配で、正常な気持ちではいられないはずだ。危険な目に遭っているかもしれない。安否確認ができない間、三島さんを不安な気持ちが締め付けた。

「自分は何もできない中で待つしかない状況。電話は繋がらないし。連絡の取りようがないし。電気が停まったのでテレビもつかなかった」と、とても悔しそうに話していた。

たまたま自宅にいた金子《かねこ》政幸《まさゆき》センター長の携帯と三島さんの携帯は何度か繋がることができた。「何がなんだかわからない状態だった」と話す三島さんにとって、センター長と話すことができ、メールも受信できたことは一つの安心材料となった。パソコンが使えなくなっていたので、北総センターに届く本部からの指示は、センター長から三島さんへの携帯メールだけ。それが唯一外部と繋《つな》がっていた。

外に出ている職員の心配だけをしているわけにもいかなかった。トイレも使えない。電気も停まったままだった。ほどなく、暗くなる。

三島《みしま》さんは、防災倉庫があったことを思い出し、リーダーたちと駄目元で防災倉庫を開けた。見ると、発電機と灯光器があった。

「それを使おう！」と思った。が次の瞬間、「恥ずかしい話なんですが、燃料がない……。灯光器は、なぜかライトがなかったのです」

そこで、近くのホームセンターに走った。電球と燃料を買うことができた。

発電機を使い、灯光器で事務所の中を照らした。夕方になっていたので、配達を終えることができた担当者たちがセンターに帰ってきた。灯光器の灯《あか》りの下で事務処理をしてもらった。

地震から三時間くらい経過してやっと、担当者たちに送っていた携帯メールの返信が入り始めた。

配達先の地区に避難命令が出ていて、高台に避難している職員がいた。津波が来るかもしれないということで、配達を見合わせてトラックを停車させている職員もいた。また、銚子《ちょうし》方面では、茨城県との県境の利根川《とねがわ》にかかる橋が寸断され、大渋滞が起きていた。

時間はかかったが、配達に出ている職員全員の安否確認ができた。三島さんは、配達を続けることが難しいようであれば、配達をやめてセンターへ戻ってくるよう指示をした。

最後にセンターに帰ってきたのは、飯岡《いいおか》の南の地区を配達していて、トラックが地割れにはまった永見《ながみ》さんだった。先に帰着していた職員たちは、皆、永見さんを心配していた。

「職員はみんな残ってくれて。みんなで協力しながら、片付けをしていました。全員がそろったところで、組合員の様子なども確認しました」

幸いにして、配達中に組合員がケガをするなどの事故は起きていなかった。

その日の夜、一帯は停電したままだった。北総センターの管轄するエリア内に千葉県内唯一の津波による大きな被害がもたらされていることは、誰も知ることができなかった。

当面の大問題は、「水の確保」。職員たちは自宅に帰り、自宅が断水していない者は、翌日から、ペットボトルやポリタンクに水を入れてセンターに持参することにした。

もしかして私の配達先？

三月一一日、地震の発生は午後二時四六分だった。その大きな揺れから二時間半以上も過ぎた一七時二六分、旭《あさひ》市飯岡地区に、高さ七・六メートルの大津波が押し寄せた。死者

写真②　『千葉日報』2011年3月13日付。

一三名、行方不明者二名。全壊を含む家屋被害は三、七二〇棟に及んだ。（写真②）

この飯岡地区の配達を担当しているのが、北総センターの配達パート職員・早川浩代《はやかわひろよ》さんだ。

金曜日は、飯岡地区の配達曜日ではなかった。すぐ隣の八日《ようか》市場《いちば》地区を早川さんは配達していた。

地震は、組合員宅の玄関にいるときに起きた。配達に行くと毎週、親しく話をする組合員の家だった。

早川さんは地震が苦手。あまりの揺れの大きさに、頭を抱えて、組合員宅の玄関先で、しゃがみこんでしまった。その様子を見た組合員が驚き、早川さんが落ち着くまで一緒にそばにいてくれたそうだ。

外の様子から、津波警報が出たこともわかった。

「どこまで来るかもわからないし。怖いとしか思えなかった」という。組合員宅で待機しながら早川さんは震えていた。

震える手でセンターに電話をした。しかし、電話は繋《つな》がらなかった。その様子を見ていた組合員も一緒にセンターに電話をしてくれた。すると、組合員の携帯がセンターに繋がり、早川さんにケガはなく無事で、今は待機していると伝えてくれたそうだ。

「組合員さんに、逆に助けられちゃって……」と早川さんは肩をすぼめた。

少し気持ちが落ち着くと、余震が襲った。恐怖心に包まれながら、その日の配達はまだ終わっていなかったので、早川さんはコースに戻った。

内心、子どもが一番心配だった。学校にいるらしいことはわかった。

「学校からメールが来ていたんですよ。迎えに来てくださいと。学校からのメールは何回も来た。四時までに迎えに来てくださいとか」

配達途中だった。学校に電話はしたが繋がらない。迎えには行けない。どうしていいかわからないまま、配達を続けることしかできなかった。

道路はさっきまでの道路ではなかった。走行できない状態の箇所があちらこちらにできていた。トラックを動かせないところは歩いて商品を届けた。そうして配達を終えて、センターに帰った。

センターに帰ると、すぐに帰宅してよいと言われた。子どもたちとやっと連絡がとれ、無事を確認した。家に帰ると早川さんの自宅も停電していた。

夜、停電の中で聴いたラジオのニュースで、飯岡《いいおか》に津波被害が出ていることを知った。「もしかして私の配達先？　組合員さんたち大丈夫かな」という思いがよぎった。しかし、電気もつかない。水も出ない。土日は水の確保のために、役場に家族で並ばなければならなかった。組合員のことが気になりながら、それ以上の情報を得ることはできなかった。

まったく違う風景になっていた

翌週の月曜日。早川さんの配達エリアは地震と津波の被害がほとんどないところだった。火曜日は旭《あさひ》の手前の地区だった。組合員宅が斜めに傾いていたり、道路が陥没しているところがあった。

そして水曜日。早川さんの飯岡地区の配達曜日だ。相変わらず停電が続いていたので、テレビの映像をほとんどの職員が見ていなかったが、飯岡地区に大きな津波被害が出ていることは、皆が感じ取っていた。上司の判断もあり、早川さんの配達には営業リーダーが同乗し、運転をしてもらうことになっていた。

早川さんが毎週配達に行っている地区だ。助手席に乗り込み飯岡に向かった。彼女の手は震えていた。


「どこがどこだかわからない状態でした」

「どこが組合員さんのおうちか、わからない」

「いつも行っていたところがぜんぜん違う風景になっちゃって……」

「道が道じゃなくなってて。砂浜には、ごみや、枯れたような草や、船があって」


震災の日から五日が過ぎていた。

大きな被害を受けていなくても、香取《かとり》市、旭市のあたりは、停電と断水が続き、日常生活が戻らない状態だった。そのような異常ななか、津波に襲われた地区を目の前で見るときがきた。その目で見たとき、早川さんは恐怖を覚えたそうだ。

先週とまったく違う光景が、そこにあった。

海沿いの道を走り、配達を待っている組合員宅に向かう。いつもの配達コースにいつも通りに車を進めることの「当たり前」が、あの日を境に、消えていた。消えたのではなく、その道と街は、瓦礫《がれき》や自動車、海から流された船、そして泥と乾いた海藻で覆われていた。早川さんは次の瞬間、「組合員さん、どうなっちゃってるんだろう」と思った。

来るかもしれないって思ったから

海沿いで一人暮らしをしている高齢の組合員がいる。毎週水曜日の配達時は、ちょうどデイサービスに行っている時間で、直接会ったことはなかった。しかし、電話では話すことがあった。急に心配で心配でたまらなくなった。

その組合員宅は津波に襲われていた。家の周りは瓦礫《がれき》で埋め尽くされ、屋根の上には、津波で流された自動車が載っていた。

冷静には受け止められなかった。思わず、「連絡をください」と、メモに震える手で走り書きをした。そのメモを、商品を入れて運ぶ箱（シッパー）の蓋《ふた》をとめるシールを何枚も何枚も使って門に貼り付けた。それしか、できなかった。

次の配達先に向かわなければならなかった。

先週、そこにあった家が跡形もなくなっていた。先週はあったのに。

しかし、流されてしまった組合員宅のその場所に近づくと、組合員がいつものように待っていた。組合員と早川さんは、抱き合って、泣いた。

「無事でよかった」

「来るかもしれないって思ったから、待ってた」

家は無くなっても、生きている。そのことが確かめられて安心した。嬉《うれ》しかった。

その日は、余震も頻繁に起きた。そのたびに、早川さんは、怖くてたまらなかった。しかし、変わり果てた街の中を縦横にトラックで進み、組合員宅を目指した。

大きな被害を受けずに済んだ組合員もいた。

「こんななのに、配達来てくれたんだぁ」と、組合員は喜んでくれた。街は非常事態だ。誰もが買い物に困っていた。「ありがとう」の言葉をいくつももらった。その言葉がありがたかった。

ただ事ではない

北総《ほくそう》センターの配達エリアのなか、漁港があることで知られる銚子《ちょうし》市地区を配達している一人が、配達パート職員の高木《たかぎ》清江《きよえ》さんだ。

三月一一日の午後は、銚子市内の高台の地区を配達していた。

組合員宅の前にトラックを停めるために、坂道をバックで登っている、そのときだった。トラックが揺れたかなと思った瞬間だった。周囲には、水産会社の倉庫があり、ガシャガシャ、ガシャガシャという音がし出した。

「あれ？」と思い、トラックを停めると、その瞬間に「ただ事ではない」と思った。近辺の水産会社で働く人たちが建物から飛び出してきた。

組合員さんが、「大変なことが起きてるみたい」と叫んだ。

倉庫がたてる異様な音と、電線が大きく揺れたわむ様子に、「ふつうの大きさではない」と高木さんは察した。

建物の外に出てきた人たちと、「大丈夫でしょうかね」などと声をかけあったりした。

その日の配達は、まだ三件残っていた。ある組合員宅の近くまで来ると、ブロック塀があった。いつものことなのだが、ブロック塀の側にトラックを停めることが、その日は、とても怖くなった。

「え？　ちょっと待てよ。また揺れが来たら……」と思った。

ブロック塀が倒れてくるのではないかと不安になった。

もしも、ブロック塀が倒れたら、トラックによりかかるかもしれない。そこまでは想像ができたのだが、「どうしよう？」と思いながら、どうすることもできなかった。他に駐車できる適当な場所がないことを高木さんは知っていた。

結局、どうしようもないので、いつものようにブロック塀にトラックを寄せて停車した。商品を降ろして組合員に届けた。在宅していた組合員と、「すごかったね」「大丈夫でしたか？」と声をかけあった。組合員からは、「気をつけて」と励まされた。

「おうち、近くなんですか？」

トラックを停めたブロック塀の脇を、おなかの大きな女性が歩いているのが目に入った。高木さんは、地震＋ブロック塀＝「危険」と、強く思っている。その女性がブロック塀に囲まれた道を歩くなんて危険だと思った。思わず、「おなかも大きいみたいだし、大丈夫ですか？」と声をかけた。もちろん、初対面。すると、それまでの恐怖と不安な気持ちを抑えられなかったのだろう。その女性は、「怖い」と言って、高木さんにしがみついた。

「おうち、近くなんですか？　どこに行かれるんです？」と高木さん。

すると、散歩をしていたという。自宅はもうすぐそこだとその女性は話した。

「塀のそばは危ないですよ。おうちまで、送りましょうか？」と、思わず口から出た。しかし、「すぐそこだから、歩いて帰れます」という返事だった。

高木さんと話したことで、気持ちが少し落ちついたのだろう。

大きな地震の直後だ。ブロック塀に囲まれた道に車を停めて配達しなければならなかった高木さんと、自宅に戻るためにはその道を通らなくてはならなかった女性の「不安」な気持ちは同じだったはずだ。高木さんが声をかけ、言葉を交わすことができたことで、お互いを励ましあうことができた。

トラックに誰かを乗せることは、本当はできないこと。そのことは承知している。しかし、声をかけずにはいられなかった。

高木さんは家族とも連絡がとれないままだった。心配だった。そのような不安を抱えながら配達を終えた。センターに配達終了の報告をするために電話をしたが通じなかった。その時まで、高木さんの耳には、津波警報は届いていなかった。

高台から銚子市内に下りると、街の中は騒然としていた。信号が止まり、オフィス街のビルから出てきた人々が外にいた。続く余震のために、建物の中に留《とど》まることができなかったにちがいない。道路は大渋滞だった。とにかくセンターに帰ろうと思った。

「スーパー堤防があって、キレイなできたばかりの道なんですけど。そこが地割れしちゃってるし。鹿嶋《かしま》（茨城県）の方に向かう、かもめ大橋のたもとも割れちゃってるし」と、当日の夕方にトラックの運転席から見た、銚子《ちょうし》からセンターへの帰り道のふだんとの異なりようは、高木さんにとって、時間が経《た》っても鮮明に思い出される光景のようだ。

途中のコンビニでセンターに電話を入れた。やっと通じた。リーダーからは、その地区で避難命令が出ているようならば、それに従って留《とど》まってもいいし、センターに帰ってこられるようなら帰ってきなさいと言われた。「とりあえず、行けるところまで行きます」と答え、運転席に戻った。ふだんなら一時間でセンターに帰れる道が、その日は二時間かかった。

翌日の土曜日配達

震災の翌日は土曜日。ふだん、土曜日の配達はない。しかし前日、組合員不在で渡せなかった商品を担当者たちはセンターに持ち帰っていた。

実は、その翌日の一二日は、センターの職員の結婚式と披露宴が予定されていた。前日の一一日の夜は、翌日の式は予定どおり行われることになっていたので、披露宴に参加する職員と翌日配達をする職員の分担を決めた。副センター長の三島《みしま》さんと担当者二名が出勤して配達をすることにした。

ただし、地震直後からセンターは停電していたため、持ち帰った商品のうち、冷凍・冷蔵品は、適切な温度で保管ができず、組合員には渡せなかった。それでも、「避難所から帰ってきた組合員さんに喜ばれました」と、三島さんは話した。

命を守ることを最優先にしたい

北総センターの旭《あさひ》、匝瑳《そうさ》、多古《たこ》地区のチームリーダー・横山篤史《よこやまあつし》さんは、「チームメンバーが、一人もケガや事故に巻き込まれず、あの日、センターに帰ることができて本当によかった」と話していた。

津波の被害が大きかった地区の配達を担当している配達パート職員の早川《はやかわ》さんは余震があるたびに、かがみこんでしまうくらい地震を怖がっていた。もしも、あの日が飯岡地区の配達日だったら、早川さんが、配達中に発令された津波警報を聞いて、迅速に配達ルートから離れ、避難することができただろうか。できなかったに違いない。また、海沿いから少し内陸に入ったあの場所で、地割れにトラックが落ち、海沿いの組合員宅への配達が遅くなってしまった永見さんのトラックも、時間通りに配達をしていたら、飯岡《いいおか》ほどの高さではなかったが、道沿いの自動販売機を押し倒す波に打たれたに違いない。たまたま配達曜日が違った。そして時間が少しずれた、そのおかげで大きな被害にならなかったと横山さんは思っている。

あの日、配達担当者たちは、地震直後に誰一人、配達を投げ出さなかった。津波警報が鳴り響くなか、海沿いの道を組合員宅に向かった。道路が津波で濡れていることを知っても引き返さなかった。どの職員も自分の家族の安否が気になって仕方がなかったはずだ。メールで安否をすぐに確認できた者はよかったが、大抵の職員は安否の確認もできないまま、心配でたまらない気持ちを抑えて、配達を続けた。

「本当なら、パートさんだって、自分の子どもの安否をすぐに確認したいじゃないですか。それを我慢していた。本来なら、そこに手を差し伸べて、パートさんの不安を取り除けるようにできれば、よかったんでしょうけど、それがやれなかったという悔しさがあった」と、三島さんは言葉を詰まらせた。

家族の支えがあって、この仕事を続けてくれている。とくに子どもがまだ小さいパート職員たちのそのときの気持ちや状況を後から聞き、確かに電話は繋《つな》がらなかったが、本当にできることは何もなかったのかと、考えてしまうそうだ。

不安でたまらないなか、責任感だけで配達をやりきろうとした職員たちに対して、「不安を取り除くためにできたこと」があったはずだと思うと、悔しさがこみ上げる。

「一生懸命やってくれているパートさんたちに応えられない自分が情けなかった」と三島さんはつぶやいた。

その日、海に近い地区を配達していたあるパート職員は、津波警報の中、地域の人たちが逃げていても、「どうしよう、どうしよう」と思いながら配達を続けた。その様子を見ていた組合員が、次の週に「命のほうが大事。荷物なんかよかったんだよ」と話したという。「でも届けてくれて、本当にありがとう」という言葉も添えられていたそうだ。

三島さんは、「津波があるにもかかわらず、商品を一生懸命届けようとしている姿、すごいと思います。ただ、その半面、危ない！　と思いました。自分の命を守ることが最優先。そのことをしっかりと僕らが伝えなくては」、そう話していた。

一人では何もできない

変わり果てた飯岡《いいおか》地区を三島《みしま》さんもその目で見た。

「なんとも言えない。あの風景は」

三島さんは、自然の力の大きさを感じたそうだ。その大きさの前で、自分自身の、そして人の小ささを思ったそうだ。

「ふだんの生活の中で、なんてつまんないことや小さなことで、自分は腹を立てたりしてるのかなと思った」そうだ。そして同時に、人が一人でできることは限られていて、むしろ何もできるものではないということも思ったという。

街とそこに暮らしていた人たちの日常を奪うだけの巨大な力を持つ自然の驚異をまざまざと見せられ、それに比べてなんと小さく力のない人間たち。非力だからこそ、一人ではなく支え合うことが大事なのだと思い至ったそうだ。

「やっぱり、人と人が繋《つな》がって、みんなで力を合わせることでしか何もできない」と。

地震の翌週に、ちばコープの本部からトラック一台分のペットボトルの水が届いた。北《ほく》総《そう》センターの周辺地域は、断水が長く続いていた。住民たちは、給水を受けるために、毎日、行列に並ばなくてはいけない状態だった。

北総地域と浦安市《うらやすし》は被災地だった。ちばコープが災害用に備蓄していた水を被災地域で活用しようということになった。

北総センター自体も断水は続き、職員たちが自宅から毎朝、水を運ぶ状態が続いていた。それでも、みんなで考えた結果、ペットボトルの水は一番困っている人に届けようということになり、赤ちゃん割引を利用している組合員に、お手紙も添えて水を配ることにした。

「とっても喜んでもらえました。それが僕らの力にもなった」と三島さんは話した。

組合員を気にかけて

震災からひと月以上経ってから知ったことがある。断水が約一か月続いた団地に住んでいる高齢の組合員夫婦がいた。生協に水を注文しても、届くのは本数制限のため一本だけ。給水は役場で行われていたが、足が弱っていて思うように行けなくて困っていた。すると、その組合員の担当者は、組合員の代わりに役場の給水を受けて、組合員宅に運んでいたそうだ。自分の昼休みの時間を使って。シッパーの内側にビニール袋を敷いてタンク代わりにして。

センターにその組合員からお礼の電話が入った。「やっとお水が出ました。ありがとうございました」と。

その職員が、そのようなことをしているとは、誰も知らなかった。なぜなら、たった一人の組合員のために、特別なことをすることは良いことではないとわかっているから、言えなかったのだ。

配達担当者は、自分が担当する組合員の「くらし」を知っている。ときには、注文している商品を通じて、組合員の置かれている状況や困っていることも感じ取れる。ましてや、毎週親しく話をする組合員ならなおのこと。その目の前の組合員が、まさに生活の基本であるはずの「水」で困っていた。

本来なら注文を受けた本数をお届けできるのが一番良いのだが、生協はそのとき、組合員の求める量をお届けすることができなかった。その悔しさもあったに違いない。期待に応えられない現状と、そして、何よりも困り果てている組合員がいる。思わず、誰にも言えないことだったが、水を運んでしまったのだろう。

北総センターの上司たちは、誰も、その担当者を責めることはできなかった。

この震災を通じて、三島《みしま》さんは、担当者たちのことを深く知ることができたと話していた。

担当者は、一生懸命「誰かのために」動いていた。「お金のため」とか、「仕事だから」という感覚ではなく誰かの役に立とうと思って行動していた。

「担当者たちが自分の組合員をすごく気にかけて仕事をしているということがわかった。僕らはそれをしっかり見なくてはいけない」と、三島さんは話していた。

2 もう一つの被災地

《浦安行徳地域》

一日にして街が歪《ゆが》んだ

三月一一日、ちばコープ・コープデリ浦安行徳《うらやすぎょうとく》センター（以下、浦安行徳センター）のセンター長・谷中亨一《やなかこういち》さんは、その日が、初めての仕事となる共済担当のパート職員に、仕事やセンターの施設についての説明をしていた。

そのときだった。センターが揺れ始めた。

「大きいな、この地震」と、谷中さんは思った。

当時、センター二階事務所には事務パート職員や委託会社の社員たちが一〇人ほどいた。

「建物の中は危ない！　みんな外に出よう」と声をかけ、全員で外に飛び出した。

一階に下り、センターの外に出た。すると、センターの脇にある花壇に、濁流が流れ込むのが目に入る。「配管が破裂したのか？」と一瞬、思った。

パッと見ると。

電柱の根本から、水が噴水のように噴き出していた。

写真③　液状化で冠水した浦安行徳センターの駐車場。

ゴッゴッゴッと、音を立てている。そして、電柱が沈んでいく。

電柱が沈んだり、斜めになることで、いつもはたるんでいる電線がピンと張って動きが止まる。

谷中さんの目に映ったものは、これまで見たことのない事態だ。

「どうしちゃったんだろう？」

何が起きているのか、瞬時にはわからなかった。

そして、気が付くと、センターの駐車場は、泥水で覆われた。（写真③）

「これは尋常ではない」と思った。

事務所にかけあがり、配達に出ている職員たちに連絡をとった。

液状化して泥が配達の行く手を阻んでいた。

または、道路が陥没し通行ができなくなっていた。また、配達先の駐車場が停めていたトラックごと陥没し、脱出できない状況になっている担当者もいた。そして、委託会社の一台のトラックは、タイヤまで泥に沈んでいた。

浦安市の東京湾に面した埋め立て地は、高層マンションが立ち並ぶ地域だ。生協の利用者も多く、配達担当者たちはこの大地震で、動かなくなったエレベーターを使えず、手で商品を持ち上げ、階段を駆け上がらなければならない状況になっていた。

谷中さんは、配達できない商品はセンターに持ち帰るよう指示をした。

浦安行徳センターは東京湾に面している。東の窓からは京葉工業地域の市原《いちはら》方面が見える。夕方だった。ふと見ると、京葉線の向こうで火の手があがったのが見えた。数秒後に、センターの窓ガラスが揺れた。市原で石油コンビナートが炎上し、その爆風がセンターの窓ガラスをガタガタガタガタと揺らした。

異常災害が起きていることを、谷中さんは肌身で感じた。

谷中さんは、センター周辺の様子を見に出た。交通機関はすべて麻痺《まひ》。道路は大渋滞していた。

車で通勤している職員が多かったが、この渋滞のなかを帰宅させるよりも、センターに泊まれる者は泊まり、早朝に帰宅させた方が安全と判断し、指示をした。

ただ、家族や子どもが気になり、どうしても帰りたいという職員は歩いて帰った。

交通機関が麻痺し帰宅困難になってしまったディズニーランドの来園者たちが、大きな塊となって歩道を歩いていた。

目にする一つひとつの光景の異様さ。

「浦安は、普通の事態ではないです」と、谷中さんは本部に連絡を入れ続けた。


職員がセンターに泊まり込むことになったので、谷中さんは食料を買おうと、ＪＲ京葉《けいよう》線の新浦安《しんうらやす》の駅前に歩いて向かった。二〇時くらいだった。

新浦安駅の周りは液状化して噴出した砂が、二〇センチも三〇センチも堆積していた。

電話ボックスが傾いていた。交番も傾いていた。

コンビニには人があふれかえっていた。棚にはほとんど商品はなく、レジに並びながら、目の前に残っている菓子などを手にとって、清算した。

経験のない事態。見たことのない光景。

「こんなことが実際に起きるんだ……」という驚きに谷中さんは包まれていた。

センターには、キャンペーンで使った羽毛布団のサンプルが数枚あった。それを使って職員たちを寝かせた。幸いセンターは停電を免れていた。谷中さんは会議室で朝までテレビを見ながら過ごした。

朝になり、周辺の大渋滞は収まっていたので職員を帰宅させた。そして、夜が明けた地域を再び見に行った。

浦安の富岡《とみおか》地域や今川《いまがわ》地域は、家々が斜めになっていたり、沈んでいた。車も泥に埋もれていた。

朝日が映し出した、浦安の街並みは、一日にして、街が歪《ゆが》んだような、大変な変わりようだった。

組合員は商品を待っているはずだ

三月一二日は、前日に配達できなかった商品の配達をできる限りした。

この液状化に見舞われた浦安《うらやす》地域の住人たちの生活が、今後ますます困難を極めることがわかった。近隣のスーパーには買い物客が、建物の周囲を二重三重に列をなして並んでいた。水道も止まっていた。下水も使えなくなっている地域があった。時間が経つごとに、買い物に、そして生活に困る状況になっていくことはあきらかだった。

震災から四日目、三月一四日週が始まった。

相変わらず、マンションのエレベーターは動いていない。地震で止まったエレベーターは、安全点検が行われないと作動できない。都内も含め、どれほどのエレベーターが点検を受けなければならない状態だったのか。翌週も、多くのエレベーターは動かなかった。

しかし、商品はちゃんと届けようという方針だった。

それは、エレベーターが動いていないマンションでは、商品を手で持ち上げて、配達をしなければならないことを意味していた。

配達に時間と体力を要するので、なるべく二名体制で配達をすることにした。しかし、その体制は自センターだけで賄えない。そこで、近隣の習志野《ならしの》センターの営業担当者や、本部職員たちに日替わりで応援に入ってもらうことになった。

浦安行徳《ぎょうとく》センターは、委託会社のコースが七五パーセントを占めている。ふだんは、委託会社の業務は委託先で完結してもらうのが原則だ。しかし「あまりにも状況がひどいので、委託コースに正規職員が乗って一緒に配達しました。委託とか本体とか、分けている状況ではなかった」と、当時の判断に迷いは一切なかったようだ。

震災後の月曜日（一四日）。センターに届いた配達用の商品たちは、各温度帯ごとの集品センターの混乱を映していた。集品センターだけではない、商品を出すメーカーも問屋も、交通網の麻痺《まひ》と混乱、または停電が発端になり、流通は上流から下流まで大混乱に陥っていた。組合員ごとに仕分けされている商品と組合員に渡す明細書に記載されている商品情報が一致していなかった。また、宅配センターに商品が納品されるのかされないのか、その情報も混乱していた。そのようなか宅配センターには、本日納品分の商品がすべて入ってから配達に出るようにという指示が本部から出されていた。

谷中《やなか》さんは、不満だった。

スーパーやコンビニには住民が行列をなしていた。食品を購入できない不安が、住民の顔にありありと浮かんでいる。組合員は、商品が配達されるのを待っているはずだ。また、浦安を襲った液状化現象は、道をも破壊していた。配達には、ふだんの何倍も時間を要する。商品がセンターにすべて納品されるまで出発しないという方針は、浦安にはあてはまらないと思い、本部に掛け合った。しかし「指示に従うように」という返答だった。

「その日、最後に納品を待っていたのは、雑貨品、化粧品でした。あの状況の中で、化粧品なんて、翌週だっていいだろうって、思いました」

震災から五日目の三月一五日、浦安行徳センターに専務理事の熊崎伸《くまざきしん》さんが、状況の視察に訪れた。市内の様子を見てもらうために、谷中さんは車で専務を被害を受けた場所に案内した。

「専務に直後に来てもらい、何か困っていることはないかと聞いてもらえたので、配達については、現場で判断させてほしいと訴えました。とにかく食品をいち早く届けたいと」

熊崎さんは、ちばコープからコープこうべに研修で行っていたちょうどその時に、阪神・淡路大震災に遭っている。現場が組合員のために、地域のために、現場で判断する、その判断を誰も否定できるはずがないと考えている。谷中さんの気持ちは理解された。

「現場で判断しろという言葉をもらったときはありがたかった」と、嬉《うれ》しそうに話していた。

プライドが持てる仕事なんだ！

浦安行徳《うらやすぎょうとく》センターに、災害時の救援物資用のペットボトル入りの水がトラック一台分、ちばコープの本部から届いた。

ちばコープが、災害時用に備蓄していた水だった。谷中さんは、ミルクを作るのに水が必要な赤ちゃんのいる組合員に、この水を配布しようと決めた。一人一本。

　ある担当者の配達先に保育園があった。保育園の保育士さんたちも水で困っていた。給水車からもらった水で、ミルクを作っていいのかが不安だったという。保育園は一本では足りないと思った担当者はセンター長に相談し、六本一ケースを渡すことができた。

　また、ある担当者が赤ちゃんのいる組合員に水一本を渡すと、私のお友達も困っている、お友達にもあげてもらえないかと懇願された。「いいですよ」と快諾すると、組合員は「待ってて」とトラックを離れていった。そして友達を連れてきた。担当者は、その組合員の友達にも水を一本手渡した。すると、二人は涙ぐんで喜んだという。

「こんなに喜ばれたことはこれまでなかった」と口々に話す職員たち。「生協の仕事は、職員としてプライドが持てる仕事なんだと初めて実感できた」と嬉《うれ》しそうだったという。

　水の供給が止まり、下水も使えない状態だ。避難先のある住民はどんどん避難していった。最初の一週目は、発災前に受けた注文の配達週だ。買い物に困っている組合員には喜ばれたが、生活できない状態になっている組合員もいたので、キャンセルも山のように発生した。また、連絡がとれない組合員の冷凍食品は、センターの冷凍庫に保管し、後から届けようと決めた。それは街中のスーパーやコンビニの棚がガラガラになり、買い物に困る地域の人たちの姿を目にしていたからだ。

浦安に住めなくなった組合員はどんどん浦安を離れていった。約一、〇〇〇人の組合員の利用がなくなった。

宅配利用者が増えた

二〇一一年の夏休みが終わるころから、浦安《うらやす》に戻ってきた組合員の利用の再開が増えた。また、新たな加入も増えていった。

新規加入が増えた背景には、「災害時に、食品を急に買えなくなる不安を体験した方たちが、商品を手に入れる一つの購入先ということで、生協の利用を始めたのではないか」と谷中さんは分析する。それまではスーパーしか利用しなかった人たちが、生協に加入したのではないかというのだ。さらに、「今までは冷蔵庫がいっぱいになることをきらった生活者も、いざというときのために、いつも冷蔵庫が満杯じゃないと！という心理に変わったのではないか」と感じたそうだ。

谷中さんは、コープとうきょうの職員だ。二〇〇九年一月からちばコープに出向している。

最初に一番戸惑ったのは、組合員活動の違いだったと笑う。

「宅配センターに、毎週、組合員の地域サポーターが来て、何かやっている（笑）。これは、コープとうきょうにはありませんでした」

その地域サポーターからコープ会で組合員が話題にしていることをよく聞くそうだ。

「この人たちが職員以上に、生協と地域の組合員のパイプ役になってくれている」と強く感じている。その地域サポーターたちから聞いた。

「震災当日に配達を受けた金曜日の組合員さんたちは、金曜日に届いた商品で、その後の一週間、買い物に困ることなく一番大変な時をなんとかなったって喜んでいたよ」と。

生協の宅配を上手に利用している組合員は、一週間に一回の配達で計画的に食品を購入するスタイルが定着している。冷蔵庫の中だけでなく、乾物も家庭内でストック状態だ。スーパーから食料品が消えても、すぐに食べることに困るという状態にはならない。

その「ストック型」のスタイルが、あの震災時に役に立ったことを利用者たちは実感した。そして、組合員の集まる場でそのことが話題になっていた。

また、エレベーターが正常に動きだすのに、三、四週間かかった。その間、生協の担当者たちは高層マンションの階段を商品を手で持ち上げて配達した。その姿を多くの住人が目にしていたということもあるだろう。生協の宅配なら、玄関先まで商品を届けてもらえる。被災地域の住人の目には、頼もしく映ったはずだ。

それらのことが追い風となり、夏休み以降、浦安行徳センターは、利用再開と新規加入者増により宅配利用者が増えていった。

困ったときに助けあう

震災発生から一年半が経過した今、谷中《やなか》さんは言う。

「あの震災によって、生協の役割とか意味を職員みんなで再確認することができた」と。

「それまでも、安全・安心な食品をお届けするという『スローガン』は持っていた。でも、震災があったことによって、『生協の本当の意味』や『困ったときに助けあう』ということがどういうことなのかを実感した」という。

「困った人がいたら、僕たちが率先して地域のことをやらなければいけないんだということが自分のことになった」と。

地域の組合員が生協から配布されたたった一本の水に感謝したように、谷中さんは、震災後約三週間続いた二名体制の配達を可能にした近隣のセンターからの職員の応援派遣に感謝している。センター間同士の助け合いに支えられたと。正規職員の配達コース、パート職員のコース、そして委託会社のコースという分け隔てなく、それを実現することができたことも嬉《うれ》しかった。

谷中さん自身の大きな変化について聞いた。すると谷中さんは、「それまで僕の仕事は、『第一は組合員』で、その次が『地域』だった。でも、震災以後、組合員も地域も同じように向き合うことが大事だと思いました」と話した。

震災直後の非日常的な状況は徐々に復旧していったが、「地域の中で組織は、生協は生かされている」と感じた。そのことは、その後も変わらない。谷中さんは、「組合員も大事にしながら、それと同等に、地域に住まわれている人たちも大事にしていくのが僕たち生協の生きる道なのかなと考えるようになった」という。

震災後、ちばコープでは、「被災者・避難者割引制度」を設け、宅配の個配手数料を無料にしていた。当初、期間は二〇一一年度内だった。しかし、谷中さんは、熊﨑《くまざき》専務に浦安市の被災者優遇措置は、二〇一二年度も継続するものがいくつかあることを知らせながら、宅配の割引制度が二〇一一年度で終了すると、浦安行徳地域の組合員の中には困る人もいることを訴えた。

すると、現場の声に応えて、被災者割引制度の期間が一年延長されることになった。

臨機応変に対応してもらったこと、なにより組合員が喜んでくれる、そのことを思うと、伝えてよかった、組合員のためになったと、谷中さんは嬉《うれ》しかった。

ったんですよね」

「あ、思い出しました。共済センターからも応援にきてもらったんです。みんなで、や

職員が成長できた

街は、日々、復旧していった。夏休みが終わる頃には、ライフラインの整備を終えた街に住民も戻り始めた。九月以降には、宅配の利用人数も伸長した。街が元の姿に戻りつつあることを感じることができた。

しかし、すべてが元通りになったわけではない。実際に、地震と液状化の被害を受け、浦安行徳《うらやすぎょうとく》センターの建物自体が傾いてしまっていた。床が傾いたままの状態がその後一〇か月以上続いた。傾いた事務所でパソコンに向かい続けた事務パート職員たちは、仕事の合間にストレッチや体操をした。

また、地盤沈下もしていたので、雨が降るたびに、倉庫内に水が入る。そのたびに、ポンプで水をかき出す作業もした。職員たちと、液状化でたまった泥を袋に詰めて作った土嚢《どのう》で水の浸入を防いだ。みんなで力を合わせて、業務を継続してきた。

二〇一二年一月、センターはまだ元通りまでの復旧をしていなかったが、谷中《やなか》さんは浦安行徳センターと同じ一区エリア内の習志野《ならしの》センターに異動になった。

「二〇一二年の春、浦安行徳センターは、ちばコープの中で組合員拡大の実績が一番でした」と笑顔で教えてくれた。そして、「震災直後の職員たちの姿を目にしていた住民も多いし、実際に生協に入っていて良かったと実感していただいた組合員さんも多かったから。ちばコープのブランド価値も上がったと思います。なにより、職員たちの地域への思いが強くなったと思う。職員が成長したから……」と話していた。

今は、もう自分が担当しているセンターではないが、あの震災をみんなで乗り切った仲間たちの間に生まれた絆《きずな》があるのだろう。二〇一二年度春の仲間づくり一位の結果の背景にある、積み上げてきたものを一緒につくってきた実感もあるはずだ。だから素直に谷中さんも嬉《うれ》しいのだろう。と同時に、実際に成長し、自分たちの仕事の意味を見出《みいだ》した職員たちに対する敬意もあるのかもしれない。

「浦安は、本当に、被災地でした」と谷中さんは言った。でも、その状況の中で、「職員が成長した……」とも語った。

第2章

「あの日」を「明日」のために

第2章では、ちばコープのいろいろな立場の方に登場いただき、その方たちが各現場で震災当日、どのように動き、どう対応したのか、そしてその後、震災の体験を通じてどのようなことを考え、どのような思いを抱いたのかについて聞いたお話を紹介していきます。

１「トラックに乗ってください！」

第二波が来たらダメだ！

三月一一日、コープデリ安房《あわ》センター（以下、安房センター）の配達パート職員・川俣《かわまた》はつえさんは、当日の午後、房総《ぼうそう》半島の南東部に位置する太平洋に面した、御宿《おんじゅく》町の海岸沿いの地域を配達していた。

最初の大きな揺れを感じた時、彼女は車道と歩道が互い違いになって揺れる様子を目にした。初めての経験だった。

組合員宅から組合員宅への移動の途中で、津波警報も発令された。パトカーと消防車と消防団の車両が、ものすごいスピードで走っていた。

周囲の尋常ではない様子と津波警報は気になりながらも、川俣さんは配達を続けた。

二回目の大きな揺れは、その日、受験するために東北の青森に娘さんが行っていると心配する組合員と、話しているときにやってきた。

その組合員は、娘さんと連絡がとれないと不安そうだった。川俣さんは、「メールなら繋《つな》がるかもしれないよ」と伝えた。その組合員を気にしながら、また次の組合員宅へ向かった。

最大で六メートルの津波がくると警報が出た。

毎週、金曜日の午後の最後の配達はWさん宅。Wさんは、視覚障がいのある組合員だ。毎週利用している。

最後のWさん宅の前に到着すると、近所の人たちがこれから避難をすると声を掛け合っていた。しかし、Wさんに声をかける様子はない。

「津波が来るんですよ。近所の人なら、声をかけてくるんじゃないのかな？」と彼女は思った。しかし、誰もWさんと彼女に近寄ってくる様子はなかった。

「近所の人たちが避難しようとしている気配を感じ、Wさんも、どうしようかと戸惑っていたと思います。ふだんからこういうときにはどうするという話し合いができていないのかなと思いました」

Wさん宅の周辺は、海抜が五メートルしかないことを知っている。二回目の津波警報の高さは六メートル。彼女は「第二波が来たらダメだ！と思った」

「トラックに乗ってください！」

ふだんは、Wさん宅の玄関の中で、商品を受け渡す。冷凍品、冷蔵品、常温品をそれぞれの温度帯別に入れるカゴが用意されていて、それぞれを手渡す。

とくに、自分で電子レンジ調理ができる冷凍食品は、包装の裏面を確かめながら、電子レンジにかける時間を川俣《かわまた》さんが伝えると、Wさんがその場で点字テープを作り、商品ごとに張ってカゴに入れていく。そのように商品を手渡していた。しかし、当日は、そんなことをしている場合ではなかった。

川俣さんは、商品を自らWさんの冷蔵庫に収め、「避難はどこにしますか」と聞いた。

近所の人たちは、避難をしたようだった。静かになっていた。住民に避難を呼びかける緊急車両の声だけがあたりに緊迫感をもたらしていた。

一刻の猶予もない。川俣さんはWさんに「一緒に逃げましょう。どこに行けばいいですか?」と聞いた。しかし、Wさんは、近所の避難場所を知らないようだった。すると、高台に知り合いの家があるという。

「じゃ、そこに行きましょう!」と川俣さん。

近くで、「二波目が来たぞ」という声がした。

「わー!　ダメだー!!」と焦った川俣さんは、Wさんに「トラックに乗ってください!」と叫んだ。「たぶん、組合員をトラックに乗せちゃいけないんだよなぁ……」と思いながら。

「でも！」。迷っている時間はなかった。Wさんをトラックに乗せ、高台に向かった。高台に着くと、トラックを降り、Wさんの知り合い宅を探した。すると川俣さんは初めて、目の不自由な方と歩くときは、どう介助していいかさっぱりわからないことに気づく。どう隣に立って歩いたらいいのか、歩き方がわからなかった。付き添い方もわからなかった。「すみません。教えてください」と伝えた。すると、「杖《つえ》のない方に来てください」とWさんに教えられた。ほどなく知り合いの家が見つかり、Wさんを託すことができた。

「私が言えばよかったのかな…」

震災当日から何日かすると、Wさんを自宅から避難させた後に、いつも川俣《かわまた》さんの配達後にWさん宅を訪問しているヘルパーさんが、あの日、Wさんに会えなかったので、ずいぶん探したということを人づてに聞いた。

翌週のWさんの配達時に川俣さんは、Wさんとヘルパーさんに謝った。一言メモを残せば無駄な心配をさせずに済んだ。どれほど慌てていたかを改めて、そして痛いほど感じた。

Wさんは、川俣さんの行動を喜んだし、どうしていいかわからない状況の中で、手を差し伸べてくれる人がいるということに、大きな安心を得たはずだ。

しかし、川俣さんは自分のとった行動に満足していない。彼女が気になったのは、目の不自由なWさんのことを、近所の方たちが気に掛ける様子がまったくなかったことだ。

以前、川俣さんは、Wさんのご近所の組合員に、Wさんは「ゴミ出しはどうしているんだろうね」と、聞かれたことがあった。Wさんは、自宅の中では、まるで視覚障がいがあるとは思えないほど、自然に動く。生協の商品で食生活を賄い、ある程度の家事は自立して行っている。一人でできないことをヘルパーさんに助けてもらっている。ふだんの生活は介護保険と生協でほとんど不自由はない。

「ふだんはいいけど、こういう非常時には、『しようがねぇな。声かけるよ』と、ご近所の人たちに言ってもらえるように、自分がふるまえばよかった」と彼女はつぶやいた。

それが、Wさんとご近所の人たちを両方知っている自分にできたことではなかったのか、という思いが彼女の中にあるようだ。

「こういう突然のことが起きたときに、その時点で、近所同志が『一緒に行こうさ』と言える関係があれば……」と言葉が淀《よど》む。

今回のことで、介護保険と生協がWさんのくらしを支えていて、ふだんのくらしは、近所の人たちの手助けがなくてもなんとかなり、それゆえに、近所の人たちも気にはなっているものの、お互いに声を掛けあうことがないまま時間が過ぎていたことがわかった。

毎週、同じ曜日、同じ時間に生協の商品をお届けする。他の組合員との違いはちょっとだけ。自身で冷蔵庫にしまえるように温度帯別に商品を手渡すことと、調理時間を伝え、Wさんが点字テープを作って張る手伝いをすること。ちょっとした〝プラスアルファ〟のコミュニケーションがあるだけだ。しかし、このちょっとした関わりが毎週必ずあるからこそ、川保さんと、そしてヘルパーさんがWさんのことを一番気にかける存在にもなっていたということなのだろう。

笑顔と商品をお届けしたい

川保《かわまた》さんの話を聞きながら、Wさんとご近所を繋《つな》ぐ役割が自分にできていたらと思う、彼女の気にかけ方そのものに、配達担当者たちの組合員を思う気持ちが表れているように感じた。

彼女は「いつも笑顔で組合員に接したい。お届けできるのは笑顔と商品だけだから」と言う。

もちろん、Wさんには川保さんの笑顔は見えていない。

でも、川保さんは「元気よく挨拶《あいさつ》をすれば、わかると思っています」と話していた。

「コースニュースもふつうに渡してきます。親戚の人がたまに来るというので、その人にまとめて読んでもらってくださいね」と言うそうだ。

ふだんはできるだけ普通に、他の組合員と同じように接してきた。しかし、あの地震と津波から避難をしなければならない状況の中で彼女は、戸惑っていた組合員に、「トラックに乗ってください！」と叫ばずにはいられなかった。

2　緊急対策本部の設置と災害時協定

総代さんが心配だった

ちばコープは二〇一一年三月当時、県内二三の自治体、そして、千葉県、日赤千葉県支部と災害時協定を結んでいた。災害時協定とは、大規模な災害が発生した際に、被災した自治体からの要請を受けて、緊急対応用の物資を供給するというものだ。それぞれの自治体は自治体ごとに、各事業者と締結している。

二〇一一年三月一一日は、ちばコープ・四区エリア（ちばコープでは、千葉県内を六エリアに分けて運営している。四区は千葉市を中心としたエリア）の総代懇談会の開催日だった。会場は千葉市民会館（千葉市中央区）。会議は一三時頃に終了した。ちばコープ・

専務理事の熊崎伸《くまざきしん》さんは総代懇談会を終えると、ちばコープの本部事務所（千葉市若葉区）に戻った。

一四時四六分、発災。

「総代さんが心配だった。みんな食事してから帰るとか、千葉まで出てきているから、買い物をして帰るとか話していたので、自宅に帰れたのか」と。

同日は一区エリア（市川《いちかわ》市・船橋《ふなばし》市を中心としたエリア）でも総代懇談会があった。機関運営室の職員たちは、直後から総代や組合員理事が、自宅に帰りついているかの確認を始めた。

なかには、子どもを抱えて、家までたどり着くのに大変な思いをした組合員もいたという。

発災直後、熊崎さんは、本部施設と県内六〇を超える事業所の被害状況確認を指示するとともに、一五時一五分には、ちばコープ内に現地対策本部設置を宣言し、情報の収集と指揮を執った。

店舗は二店で、天井に被害が出ていた。コープ四街道《よつかいどう》店（四街道市大日桜ケ丘、現在は閉店）は、天井のエアコンがレジ付近で落下した。コープ薬円台《やくえんだい》店（船橋市薬円台）は、天井の一部が落ちた。来店中の組合員にケガはなく、従業員にも大きな被害はなかった。

宅配の現場では、職員の安否確認システムが、まったく機能せず、配達に出ている相当者たちとの連絡に、各事業所が時間を要していた。

「なんでもいいから持ってきてください」

地震発生直後から、災害時協定を結んでいる自治体から、災害緊急電話に電話が入りだした。災害時にも回線が繫《つな》がる緊急電話だ。

海側の東金《とうがね》市と旭《あさひ》市には、津波警報が出され避難所が設置された。避難者用の飲料水や災害支援物資を持ってきてほしいという要請があった。船橋《ふなばし》市からは、帰宅困難者が市役所に二、〇〇〇人くらいいるとのことで、なんでもいいから食料を持ってきてほしいという、切羽詰まった要請が入ってきた。

災害時協定を結んでいるといっても、災害時に提供するための飲料水や食料を備蓄しているわけではない。あくまでも、ちばコープも加盟しているコープネット事業連合（以下、コープネット）や日本生活協同組合連合会（以下、日本生協連）に発注して、調達した物資を運搬するというのが基本的な協定の対応となる。

しかし、すぐに届けなくてはならない事態だ。店舗に並んでいる商品を出すことにした。しかし、あるものを全部出すわけにもいかない。それでは買い物に来る組合員が困る。商品を選り分けて、出せるものを出すという対応をとることにした。

「宅配のトラックを湾岸センターからコープ市川《いちかわ》店に向かわせて、店長には商品を用意しておいてくれと言って。トラックが行くから、行ったら積んで、船橋市役所に運んでくれ。ところが、たった三キロ行って三キロ戻るくらいの距離に、数時間もかかる状況だった。『まだかまだか』と催促の電話が入る。『今向かってます』と、答えるしかなかった」

「とにかく、飲料水を持ってきてくれ」という。職員用に、緊急の飲料水と食料を蓄えてあったので、それを出すことにした。

倉庫に、何人か職員を張りつけた。自治体から連絡が入るたびに、行き先と物資の数量を指示して、積んで出す体制を整えてすぐに対応した。

ドライバーの手配が大変だった。夜通し走らなくてはならない。宅配センターはセンターで安否確認を頑張っていたので、本部の職員で、手分けして運んだ。

震災当日の災害時協定対応は八件。山武《さんむ》市、松戸《まつど》市、八千代《やちよ》市、鎌ケ谷《かまがや》市、成田《なりた》市、船橋市、東金市、そして日赤千葉県支部からは搬送支援の要請があり、対応した。翌日は四件。そして、翌週は東北の被災地に支援に向かう鎌ケ谷市と船橋市の緊急援助隊の携行食料と飲料水を調達し、出庫した。

「今回初めてわかったことがある」と熊﨑さんが話した。どこの市も一つの事業者とだけ災害時協定を結んでいるわけではない。今回のような状態になると、市は協定を結んでいる事業者に一斉に電話をかけるそうだ。「飲料水を持ってきてくれ。あるだけ持ってきてくれ」と。その要請に応えて、大渋滞のなか時間をかけて届けた飲料水を、「他から届いたからもういらない」と言われたケースがあったそうだ。

対応は、電話が入った順にしていた。後から電話が入った自治体には、もう飲料水はないと断っていたそうだ。

「こういうことが起きたときに、どう動くのかというシミュレーションが、自治体もわれわれもできていなかった。災害時協定を結ぶだけではダメなんだと初めてわかった」と熊﨑さんは悔しそうに話した。

さらに、自治体によっては災害時協定自体が理解されていないケースもあったという。災害時協定に基づいて物資を届けるということは、実際にはあとで請求が発生する。そのことを承知していない担当者に、物資と一緒に伝票を渡すと、「代金を取られるなら、いりません」という場面もあったそうだ。

広域大規模災害発生時の対応の課題

翌週、鎌ケ谷《かまがや》市から要請が入った。消防隊員たちが宮城県に向かうことになったが、鎌ケ谷市は災害用に貯蔵していた食料と飲料水を市民に提供してしまい、被災地への派遣要員分がなくなったとのことだった。そこで、ちばコープが貯蔵していた職員用の飲料水と非常食を出した。

災害発生時には、直後に必要な物資が何で、そして、限られた物資を本当に必要な人たちに迅速に届けるためにはどうすべきなのかを自治体も事業者も、協議、確認しておく必要があると、熊崎さんはかみしめるように話す。

そして、災害発生直後の応急対応は、地域に密着しているその地域の生協の中で対応するしかないのだが、そこを乗り切った二日目以降は、ネットワークでモノが入ってくるという仕組みにしなければ、単独の生協だけではやりきれないだろう。

「今後、もっと大規模な災害が発生したら、今回以上に混乱するだろう。県が窓口になって、自治体と協定を結んでいる各事業者が一緒に参加して、シミュレーションを行うなどの場面をつくらないといけない」というのが、熊崎さんの一つの問題意識だ。

「そうなると、市町村と個別に単独で結ぶのが本当にいいのかは疑問だ。自治体に考えてもらう必要がある」と厳しい表情で、熊崎さんは語った。

災害時協定の整理と再整備が急務だ。ちばコープは二〇一三年三月、コープとうきょう、さいたまコープと合同して、新生協をスタートさせることが予定されている。新生協になれば、対応はさらに広域になるだろう。広域に被害が及ぶ大災害時を想定して、今後の災害時協定のありかたと実際に起こったときの対応方法について、その質を高めなければいけないことがこの震災で明確になった。

荒浜の地に立って

三月二〇日、熊﨑さんは、ちばコープからみやぎ生協に応援隊で入る第二陣と一緒に宮城入りした。みやぎ生協の宮本専務に会い、状況を聞くこともできた。

「トップが行くのはどうかという賛否はある。自分自身の中では、九五年の阪神・淡路大震災のときに、コモテック*に行っていた。あの当時のコープこうべのトップは、生活文化センターに緊急の対策本部を置いた。自分たちが被災地の真ん中にいて、被災している地域住民を間近に見ながら何をすべきかを判断するという考え方だった。そうしなければ判断を間違うという姿勢だった。そのことが強く印象に残っている。だから、自分も自分の目で一回は被災地を見なければ、本当に必要とされている支援がしきれないと思った」

仙台市内の荒浜《あらはま》地区を訪ねた。「報道では伝わってこない臭いを嗅いだ瞬間に、これは大変なことが起こった」と感じたという。「ただの泥の臭いじゃない。死臭だった」と。「前はここが住宅地だったと言われたが、何もない。跡形もない。想像しがたい。前にあった風景が思い浮かばなかった」

そして考えたそうだ。

「神戸のときは商品をタダで渡すとパニックになるから、公平に渡せるように一〇〇円でもいいからと値段を付けた。店長たちは、自分でそう判断した。今回も、そのようにやったところもある。でも、何もかも津波で流されて、着の身着のまま逃げてきて、ずぶ濡《ぬ》れになっている被災者は財布なんか持っているわけがない。そういう地域では、被災者に飲料水や食べ物を無償で渡した。金をとったら、何を考えているんだということになる。そういうことも含めて、状況に応じた判断が重要だ」と。

「それができるかどうかが現場にかかっている。『みやぎ生協』も、『いわて生協』も、ちゃんとできたのだろう。だから、その後の地域からの支持がある。それができなければ地域の中で見捨てられる」

熊﨑さんは被災地に立ち、神戸とは違う災害が起きたことを認識した。そして、神戸の体験で得た教訓とは、また違う教訓を得た。その現場が置かれた状況を把握し、下す判断の精度が問われる。目の前にいる組合員、ひいては地域住民に対して、「今」すべき、「今」

った熊崎さんの思いだ。

できることを一人ひとりが考え、行動できるようになりたい。荒浜の地に立ったときに持

外からもらった「繋《つな》がり」の評価

東日本大震災直後、テレビで生協の支援活動が報道された。生協が全国規模の組織であり、いざというときには、全国から仲間が集結し、被災生協の業務支援を行い、被災地での事業継続を支える。そのことが報道され、評価された。職員も、組合員も、生協という存在を改めて捉えなおすことができ、そして、自分がその組織の一員、構成員であるということを自覚することができたのではないかと熊崎さんは話した。

「テレビを見ました。生協の活躍を知りました。もしものときには頼りになる生協であり続けてほしい」という組合員の声が多数寄せられたという。

熊崎《くまざき》さんは、「組合員は、災害時には被災地で被災者のために役に立つ、そんな生協であってほしいと願っている。さらに、生協が組合員に呼びかけることで、組合員の『自分も何かしたい』という気持ちを集めることができ、大きな支援の輪となる。生協はそのように機能してほしいと望んでいると感じた」と話していた。

組合員のその期待には、全国の仲間と一緒に応えることができる。それが自分たちの

「強み」でもあるということが改めてわかったと熊﨑さんは話していた。

『みやぎ』の駐車場に、全国から駆けつけた生協のトラックが集結していた。圧巻だった。あれを見たときに、あ、これはすごい！と思った。生協すげなぁと」

地震で、街も道路も崩れてしまった兵庫県西宮《にしのみや》の裏通りを一人歩いていた。砂ぼこりがもうもうと煙るなか、ふと見ると向こうから、当時の日本生協連共済事業の常務や全国の共済担当者たち一〇人くらいがリュックを背負って歩いてきた。偶然出会うことができ、抱き合って泣いた。その体験が、熊﨑さんにはある。被災地には全国の生協の仲間が駆けつけ、被災地のくらしを支えるための一助になろうと力を出し合う。その仲間の存在のありがたさを実感した神戸での体験が熊﨑さんの原点でもある。

新たな使命

誰もが頭の片隅で、また大きな地震が起きるかもしれないと思っている。もっと大きな被害が発生するかもしれないと。熊﨑さんも、もちろんそう考えている。

そのときに、今回以上の役割を発揮して、支援できるようにするために、毎日、どう過ごすのかを考えなくてはならない、と話した。

「それぞれには、それぞれの役割がある。担当には担当の。そして俺には俺の。たとえば、災害時協定に関する課題などは、今のままでは問題なので、県と対応を考えていくための関係も創っていかなければならないし。新生協になれば、組合員からも、職員からも、もっと期待が大きくなるだろう。その期待に応えるために、しなければならないことがある」と、かみしめるように語った。

「職員たちが、助けたいと思ったときに、持っていくものが何もない、そんなことがないようにしなくちゃな」

それが、熊崎さんの決意。震災を通じて自らに課した宿題のようだ。

もしも、災害が発生したら。被災者のくらしを支えるための事業を継続しながら、組合員だけではない、地域住民のためにも、地域のくらしを支える役割を積極的に担える組織でありたい。それが新たな使命となる。

3　次世代のために経験したことを記録する
《佐倉センター》

直後の対応

当日は総代懇談会があった。コープデリ佐倉《さくら》センター（以下、佐倉センター）のセンター長、大里弘志《おおさとひろし》さんは総代懇談会を終え、佐倉センターに戻り事務処理をしていた。その時だった。

「ものすごく揺れたんですよ。遊園地の何か乗り物に乗っているみたいに」

組合員集会室の食器戸棚の扉が開き食器が落ちて割れた。机の上のパソコンも倒れて床に落ちた。

大里さんは、事務パート職員に大きな声で「この建物は大丈夫だから。今はあわてないで動かないで。階段を下りるのは危険だから！　事務所にいれば大丈夫！」と声をかけた。

「とにかく尋常じゃないことは分かりました」と大里さん。事務所の窓から見えている田んぼに水をひく太い管が、直後に破裂し水を噴き上げていた。

大里さんは、まず営業担当者にすぐにセンターに戻るよう指示をした。

最初にすべき「実態把握」と、必要になるであろう「配達応援の体制確保」のためだった。これだけ揺れるとエレベーターが止まる。中に閉じ込められてしまう担当者がいるかもしれない。またエレベーターが止まれば、商品の持ち上げが発生し配達の応援が必要になる。

事務パート職員は積み込みパート職員の安否確認を、リーダーには自分のチームの配達担当者の安否確認をするよう指示。電話、携帯電話、どちらも使って確認を急がせた。また、当日は総代懇談会だったので、総代や地域サポーターの安否確認も行う必要があった。ちばコープの本部の組織運営室に電話をしたり、佐倉地域の地域サポーターに電話をして確認を急いだ。

担当者の安否確認を進めるうちに、佐倉地域には大きな被害が出ていないということがわかってきた。トラックが走れなくなっているような箇所もなかった。

エレベーターが止まっているマンションや、マンションの壁がヒビ割れて危険そうだという報告があったので、配達の応援をするために営業担当を向かわせた。

震災当日は、営業活動はストップ。安否確認と配達が困難になった担当者の応援体制を整えることに集中した。

大里さんは、翌日の土曜日、センターに出勤した。センターの壊れた備品の確認をしたり、センター内の点検を行った。地域の中に通行止めの箇所がないかも確認した。

大里さんは、「土曜日のセンターはシーンとしていた」と話した。翌週から始まる配達現場と宅配センターの大混乱は想像もしなかった。ただ、何となく不安が募るような静けさだった。出勤しているリーダーたちとトラックにガソリンを給油した。

震災翌週の対応

震災翌週からは、ガソリンの給油、計画停電対応、エレベーター停止による持ち上げの発生、そして、商品の欠品とお届け情報の混乱の対応に追われた。

一週目は、営業活動を停止。営業担当者はガソリン確保やイレギュラー業務に専念することにした。

ガソリンの給油は、副長、リーダー、営業担当も加わってセンター全体であたった。

「担当者には、開いているガソリンスタンドがあったら、すぐに携帯で連絡くれと指示をした。センターに連絡があったら、一斉に担当にメールをした。今この辺のスタンドが開いてる、みんなとにかく並べ、と給油指示をした」

佐倉《さくら》市に隣接する四街道《よつかいどう》市には、ちばコープのおたがいさま四街道介護センターがある。

介護センターから「ガソリンはどのように手配していますか？」と、困った様子で問い合わせがあった。大里さんは担当者から入るスタンド情報を、介護センターにも流した。

悩ましかったのは、商品が入ってこないこと。組合員への丁寧なお知らせが必要になる。配達時の説明だけでは時間も要するし、組合員の声を担当者が一人で受けとめることになる。そこで、営業担当職員が翌日配達する組合員に電話をかけて、商品が入ってこない現状の説明をすることにした。

大里さんは、「商品が入らないのが一週間程度だったら、組合員さんも納得してもらえるけど、それ以上になったら厳しいと思った」そうだ。

すると、印西《いんざい》冷凍集品センターの被害状況を伝える写真が本部から送信されてきた。大里さんは、この状況をそのまま組合員に伝えることにした。

佐倉センターでは、毎週、『佐倉新聞』というセンターニュースを発行していた。センター長が作っている。その『佐倉新聞』で、印西冷凍集品センターが壊滅的な状態になっていることを写真とともに伝えた。

「ああいう状況を写真で見てもらうと、組合員さんの目にもすごく訴えかけられるので、『ああ確かに』と、わかってもらえたようでした」

みんなでやった

その後は、「請求訂正」の作業に追われた。何が届いて、何が届かないのかがわからない。当時は担当者が携帯端末で請求訂正情報を入力しなくてはならなかった。大量の欠品が発生していた。担当者による配達先での訂正入力は不可能だったので、配達が終わり、センターに帰ってからの作業となる。

「担当者たちは心身ともに疲れて、長時間労働になっちゃう。とにかく自分も含めて、事務職員みんなでやれることをやろうと、作業を引きあげることにした。これは耐久戦だなと思い、みんなでやった。センターの中はそんな感じでしたね」

商品を注文しても届かない状態だったので、組合員の中にはあきらめて、注文をしなくなる人も出てきた。大里さんは担当者たちに、「注文していただかないと届けられる商品もお届けできなくなる。あきらめないで注文してくださいと声かけをしよう」と伝えた。

そういう状態だ。当時、コールセンターは回線がパンク状態となり、組合員は確かめたいことがあるのに、コールセンターは繋《つな》がらない。そのことも不満の種になった。その不満を担当者にぶつける組合員も、中にはいるだろう。そこで、大里さんはリーダーに、帰ってきた担当者に声かけをして、担当者の嫌な思いを家に持ち帰らせないようにしようと伝えた。

組合員に伝え続けた

大里《おおさと》さんが大事に心がけたことがもう一つある。それは組合員へのお知らせだ。毎週発行の『佐倉通信』を通じて、印西《いんざい》冷凍集品センターの被災状況のほかにも、多くの商品が欠品する理由などを組合員に発信し続けた。

工場が被災したから、包材が不足しているから、計画停電により安定稼働ができず、納豆やヨーグルトは製造不能になっているから、そして、被災地最優先で東北に常温食品を送っているからなどなど、いくつもの理由により、商品が満足に届けられない状況になっていることを率直に伝えた。

そして、二〇一一年五月一回の通信には、「継続的な被災地支援と復興応援は、組合員の利用があってこそできること、だから、ご利用の継続をお願いします」というメッセージも掲載した。

配達の重み

「そういう混乱した中でも、『届けてくれてありがとう』という組合員の言葉やお手紙が、担当者たちには嬉《うれ》しかったと思います」と大里《おおさと》さんは語った。「この震災を通じて、担当者たちは自分たちの仕事が、社会の中で、佐倉《さくら》市の中で求められているんだということを、社会の中でなくてはならない一つの仕事なんだということを、初めてといっても過言ではないほどに感じ、同時に『生協の配達』という仕事に対する責任の重さも感じたと思います」

大里さんは、震災から一年が経過した二〇一二年三月、職員たちに震災の体験を書いてもらい、佐倉センター版『私の体験した3・11東日本大震災』という冊子にまとめた。

「自分たちの体験をきちんと残して次世代に伝えたい。佐倉センターの記録として、こういうときにはこうしたらいい、というキーワードを残したい。自分一人だけでは見つけられないものもあるから、書いて残そうと思いました」

一六階建てのマンションの八階にいた担当者は、その揺れの激しさにその瞬間、自分は死ぬと思った。また、一人暮らしをしている高齢の組合員が心配になり、声をかけに行った担当者もいた。消防団の一員として津波被害が出た旭《あさひ》で復旧活動をしたという担当者もいた。

皆、組合員を思い、家族を思い、そして被災地のことを思って行動していた。そして、次の震災に備えなければということも記している。

地域から求められる役割

佐倉《さくら》センターは二〇一二年、近くの自治会の防災訓練に参加してほしいという要請を受けた。これまで大がかりな市や県単位の防災訓練にちばコープとして参加してきたことはあったが、一センターが近隣の自治会の防災訓練に声をかけられて参加するという経験は、大里《おおさと》さんにはなかった。

ちばコープで扱っている防災用食品を展示したり、災害時には、ちばコープがどのような対応をするのかを伝えるタペストリーを展示することにした。

「佐倉センターの組合員さんも高齢化しています。配達パート職員さんの中には、組合員さんから『もしも自分に何かあったらここに連絡をしてほしい』と頼まれている担当者もいる。組合員からそういうことを頼まれる担当者としては、自分の仕事は配達だけではなく社会の中で求められている役割もあると感じている」と、大里さんは言う。「実際に、商品が何日もそのままになっていたので、社会福祉協議会に連絡をするというような対応も現実にあります」

すでに、高齢者の見守り役という役割を、担当者たちは地域の中で果たし始めている。そういう役割を担っている生協だから、万が一の災害発生時にも頼りになる存在として地域住民から求められているのだろう。

自分たちが地域からそのように受け止められていることを、生協で働いている職員たちは、震災を通じて強く実感することができた。東日本大震災は負の側面だけでなく、自分たちが未来に進むために、なにをすべきかを考えるきっかけにもなったといえるようだ。

4　地域に貢献できる「お店」にしたい

閉店一〇か月前に震災が起こった

千葉市の北隣にある四街道《よつかいどう》市には、一九九五年に開店したコープ四街道店（以下、四街道店）があった。開店から一八年目の二〇一二年一月二九日、四街道店は営業をやめ、閉店した。閉店の二年前に業績不振から閉店も視野に入れた特別対策店になり、職員は以前の四街道店のにぎわいを取り戻そうと努力を重ねたが、かなわなかった。

閉店の一〇か月前に震災が起こった。供給対策を打ちながら震災にも対応した、当時の四街道店店長の神田《かんだ》誠《まこと》さんに、話を聞いた。

店内は危険！　閉店の判断を

二〇一一年三月一一日、その日、店の部門リーダーたちは、ちばコープも加盟するコープネット事業連合の南浦和《みなみうらわ》の本部で開催されていた、担当者会議に出席していて不在だった。

　午後、店の二階ではパート会議が行われていた。店長とパート職員一五名ほどが参加していた。

　午後二時四六分。震度五弱の大きな揺れが店を襲った。店内には、約五〇人の組合員が買い物をしていた。

　大きな音とともに、棚から床に商品が落ちた。酒や飲料のビンも落ちた。ガラス瓶は割れ、容器と中身が散乱し、床は歩けない状態になった。

　店長の神田《かんだ》さんは、すぐに二階から一階の売場に下りた。目に飛び込んできたのは、レジの上の天井に埋め込まれたエアコンが天井から剝がれ落ちている様子だった。レジに並んでいる組合員が何人もいた。いったん精算は中断してもらい、全員を外に避難させた。

　神田さんは、最初の大きな揺れが収まると、店内の点検をした。天井に設置してあるエアコンの蓋《ふた》が二つ落ちていた。煙よけのガラスにもヒビが入り、落ちかけていた。床には、ガラス瓶の割れた破片が散乱していた。

　今後について判断を仰ごうと、本部に電話をするが通じない。

「パート職員を店内に配置し、お客さまには精算していただき、閉店の段取りをしました。まずは現状復旧。散乱した商品の片づけをした。余震がすごかったし、店内は危険だったので、閉店することにしました」

可能なら店は開けたい！

パート職員やアルバイト職員を帰宅させ、当日出勤していなかったパート職員やアルバイト職員の安否確認の連絡をし続けた。南浦和《みなみうらわ》の会議に参加するためにさいたま市まで出張していた部門のリーダーたちは、店の中心的なメンバーたちだ。明日の体制確保の確認もしたかったが、帰宅できたのかどうかもまったくわからなかった。

安否確認に手間取りながら、エアコンの修繕などの手配、本部との連絡、そして、本部から入ってきた、緊急時災害協定の対応による商品の搬出などに追われた。

エアコンの修理は、真夜中に終えることができた。幸い、四街道《よつかいどう》地区は、停電はしていない。神田さんは、翌日の営業は〝できる〟と考えていた。

神田《かんだ》さんは、自宅が船橋《ふなばし》だ。自宅や家族が心配だったので、明け方、いったん車で自宅に戻ることにした。家の周囲一帯は停電していた。明け方近いというのに、東京から歩いて帰宅する人々の姿があった。信号が止まっているため、道はまだ渋滞していた。「ものすごいことになっていた」。ふだんとは全く違う異様な光景を思い出して、そうつぶやいた。

自宅は水も電気も止まっていた。神田さんは、家族の無事を確認し、すぐに四街道店に戻った。

街は大変なことになっている。可能なら店は開けたいと考えた。

店の現状を伝えると、本部からは、天井が落ちる危険性があるのではないかと指摘された。確かにリスクはゼロではない。店は開けたかったが、結局「開けない」ということに。しかし、店頭での販売はしようということになった。それが、夜中の二時ごろだった。

試行錯誤をしながらの手売り販売

準備の時間はごくわずかしかなかったが、神田さんは、試行錯誤をしながら、店の前での販売のイメージを固めて、準備を進めた。

朝七時過ぎから場所のセッティングを始めた。

店内の入口付近まで入ってもらい、そこに商品を選べる机六本を置き、商品を選んでもらう。品温管理ができない水産品、畜産品、日配品は販売せず、農産品、グロサリー商品の主力品を並べることにした。約五〇アイテム。店内に入れるのは二〇名までとした。買い物中の方と終わった方が交錯しないように、仕切りも設けた。

また、会計時の混乱を避けるために、パート職員、アルバイト職員に画板を持たせ、買った商品を記入し金額を確定してからレジで精算する方式とした。精算は手計算。価格は一〇〇円、二〇〇円、三〇〇円とした。

八時三〇分に朝礼を行い、パート・アルバイト職員たちに、当日の販売方法の確認と役割分担を伝えた。

駐車場での誘導係、説明係、入口案内係、入口封鎖係、店内レジ係、〝御用聞き〟係、商品調達係、商品補充係を設けて配置した。駐車場での誘導係と入口案内係は農産パート四人が、入口封鎖係は応援に来ていた職員が、レジ係はレジパート二名が、〝御用聞き〟係は日配部門とレジパート六名が、そして、商品調達係はグロサリー、日配パート六名が担当した。全体指揮は店長の神田さん。

午前一〇時、開店。

「開店してから、外に一〇〇名くらいの列ができてしまいました。混乱を避けるため、一〇分おきにお待ちになっている方への事情説明を行いました」

組合員からは、机の上の商品だけでなく、店内にある他の商品も欲しいと言われた。

「商品補充係として配置してあったパート職員を商品調達係にして、非効率ですが、できるだけ声に応える努力をしました」

商品調達係は、店中を商品を探して走り回らなければならなかった。人数を増やして対応したが、販売終了後には疲れきってしまったそうだ。

売上は約六〇万円。客数はだいたい三〇〇名くらいということだ。

組合員の安全を最優先に置いての店頭販売だった。決して効率はよくなかった。しかし、待っている組合員からのクレームはなかった。震災が発生し、明日から一体どうなってしまうのか、という大きな不安に包まれていた三月一二日のことだ。誰もが当面の生活に必要なモノを欲していた。その欲求に応えて動いている四街道《よつかいどう》店の職員たちの姿を、組合員は見ていたからにちがいない。

「いざ、小売りすると決めてから三時間くらいで段取りを組まなければならなかった。そんな経験もノウハウもない。持っている知識を総動員して対応を決めていきました」

地震の翌日、周辺の大きな店舗は閉店したままだった。四街道店には、多くの買い物客が列をつくった。手探りの対応だったが、混乱することはなく、午後三時に営業を終えることができた。翌日曜日は、通常営業ができるようになった。

「開店前から、外に一〇〇人くらい並んでいました。入場制限をしました。一日目の手売りでどういう商品が売れるかを把握できたので、そのような商品にはあらかじめ点数制限を付けました」

商品は、飛ぶように売れた。そして、棚は隙間だらけになっていった。

閉店まで頑張ろう

地震以後の対応もすっかり落ちついた二〇一一年七月、翌年一月に四街道《よつかいどう》店が閉店することが決まった。

二〇一〇年の五月に「閉店を視野に入れた特別対策店に指定された」と告知した時の組合員の反応は、神田《かんだ》さんにとって忘れがたい。厳しい批判の声が殺到した。

「お店」とは、利用する組合員にとっては、地域の中にあり、リアルな生活導線の中に位置づけられているもの。その店が突然、閉店するかもしれないと宣言されたら、その店に対する愛着が強い人ほど、反発を覚えるものなのだろう。神田さんは、「支えてくれていた人たちの声なので、当然あってしかるべき声。このお叱りの声は、自分たちの現状に対する評価だ」と受け止めたという。

パート職員には、閉店になりそうな状況をきちんと伝えた。彼女たちも店の業績不振は痛いほど知っていた。「しょうがないよね。この業績だものね」と言った。それでも、「閉店まで頑張ろう」という言葉が、彼女たちから返ってきた。

パート職員は、まさに店のある地域の中で生活している人たち。地域の人たちのリアルな反応も、店に対する評価も感じていた。

「パートさんは、自分たちも組合員で、地域に住んでいる。閉店するかもしれないけど、でも、頑張ってるんですと、答えてくれていた」と神田さん。

結果的に、パート職員たちは、閉店まで一人も辞なかったという。

「お叱りの声は徐々に減って、閉店間近になると、〝頑張ってきたね〟〝残念だ〟という声をかけられるようになりました」と、神田さんは話していた。最後には、組合員から「ありがとう」の声をもらうことができた。

組合員の存在あっての自分たち

神田《かんだ》さんにはその後も、震災当日に閉店してよかったのか、翌日の店頭販売は夜も営業すべきだったのではないか、という思いが残ったという。それは、被災地で自分たちも被災しながら、地域の中で食品や生活用品を供給するスーパーで働く人たちの取り組みを知ったから。彼らがああいう状況の中で果たすべき役割を全うした人たちの行動を知り、生協の店舗とは「何か」を、深く考えるようになったそうだ。

また、閉店を通じて、組合員の怒りの気持ちに触れ、神田さんはとことん組合員の話を聞かなければならないことも理解していった。

「どうしてこの方は、すごく怒っているんだろうと思うようになりました。この方の言いたいことを本当に聞いて理解して、心から『そうですよね』と言ってあげないと納得していただけない。それができないと、『だから、ダメなんだ』で終わる。それを学びました」

神田さんはその後、日常店舗運営の中で、パート職員に対して、「自分たちは、組合員の存在あっての自分たちだ」と話すようになった。そして、作業としての売場づくりではなく、組合員目線で考えた売場が作れるようになりたいと考えている。貴重な体験を通じて、彼は今、生協の店舗は、「組合員のくらし、そして地域に貢献できるお店」にしたい、それをはずしたくないと思っている。

5 デイサービスで楽しい時間を

ちばコープが展開するデイサービスセンター

ちばコープは福祉事業も展開している。二〇一二年一二月現在、県内にデイサービスセンターが五施設ある。また、居宅介護支援やヘルパーによる訪問介護サービスを提供している「おたがいさま介護センター」は九か所ある。

「おたがいさま」とは、ヘルパーでは提供できない〝ちょっとした家事のお手伝い〟を、登録組合員が有償で提供する家事支援事業で福祉事業部が介護保険事業とともに展開している。庭の掃除、犬の散歩、押し入れの片づけなどなど、サポートを必要とする人と、お手伝いができる人を「おたがいさま」コーディネーターがマッチングさせ、サービスを提供する。これを、ちばコープは「事業」とし、介護事業と併せて展開することでよりきめ細かな福祉事業となることを目指している。

県内に五施設あるデイサービスセンターのうちの一つ、船橋《ふなばし》市田喜野井《たきのい》にあるのが「ちばコープおたがいさま津田沼《つだぬま》デイサービスセンター」。二〇〇四年一二月、ちばコープの中で一番最初に開設されたデイサービスセンターだ。震災当時の様子を当時のセンター長・菊池《きくち》勝幸《かつゆき》さんに聞いた。

「心配はありませんよ、大丈夫ですよ」

三月一一日午後、おたがいさま津田沼デイサービスセンター（以下、津田沼デイサービスセンター）では、二階のホールでレクリエーションが行われていた。

フロアにあるテーブルを壁側に寄せ、利用者であるお年寄りの皆さんが、施設職員たちと、ホールの中央でボール投げのレクリエーションをしていた。

カラオケを楽しんでいる利用者もいた。また、利用者の一人は本を読んで過ごしたいということで、一階にある近隣住民に開放している共有スペースにいた。レクリエーションの時間は利用者の希望に合わせて楽しく過ごす、そんな時間となっている。

三五人の利用者たちと一四人のスタッフが、いつものように金曜日の午後をそこで過ごしていた。

そのときだった。建物が揺れだした。大きな揺れだ。二階の窓からは、目の前の交差点の信号が間近に見える。その信号がユサユサユサユサと揺れていた。防火扉など、施設内の分厚い扉が、ガンガンガンガンと音をたて、開いたり閉じたりした。ホールの床は、まるで波打つように見えた。利用者たちは、叫び声をあげた。

センター長の菊池さんは、これまでに経験したことのない地震だと瞬間的にわかった。スタッフたちも立ちすくんでしまった。しかし、次の瞬間、利用者の安全を確保するために、スタッフたちは、大急ぎで利用者たちをホールの中央に寄せ、その周りを囲んだ。「大丈夫ですよ」と声をかけながら。

センターの中にある事務所では、書類が床に散乱した。ホールに併設している食堂は、火を使っていなかったが、食堂スタッフは戸棚などの扉が開いてしまわないように手で押さえた。菊池さんが「厨房《ちゅうぼう》の火は大丈夫ですか！」と食堂スタッフに声をかけると、「食堂は大丈夫です！」と、声があった。菊池さんは一瞬ほっとした。次の瞬間、「あ！」と声を上げた。階下に一人でいる利用者のことを思い出し、慌てた。

しかし、そのときちょうど、一階から、買い物に出ていたスタッフが上がってきて、その利用者も落ちついていることを伝えられ、胸をなでおろした。

揺れは収まったものの、お年寄りたちの表情には、ありありと不安な気持ちが表れていた。菊池さんとスタッフは、皆、自分たちにも、不安な気持ちがありながら、笑顔で「心配はありませんよ」、「大丈夫ですよ」と声をかけ続けた。

菊池さんはすぐに、施設内の点検をした。壊れた箇所などはなかったが、ガスが止まり、そして、エレベーターも止まっていることがわかった。

事務所の中では、生活相談員の常勤スタッフたちが、この日、津田沼デイサービスセンターに来ていない、独居の利用者に電話で安否確認をし始めていた。スタッフたちのすばやい判断と行動に、菊池さんは頼もしさを感じたという。

気合を入れて非常階段をのぼったときのことを思い出した

夕方四時になった。お年寄りたちを送迎車に乗せて、自宅まで送り届ける準備を始めなければならない。しかし、エレベーターが停止してしまったので、お年寄りたちに階下に降りてもらうのに時間を要した。階段を自力で歩いて降りられない方は、菊池さんたちがおぶった。または車イスごと抱えて降ろした。

全員の利用者を自宅に送り終えて、菊池さんは津田沼デイサービスセンターに残り、エレベーターの点検、ガスの復旧、水の出も悪くなっていたので、水道の点検も依頼した。津田沼デイサービスセンターは、翌日も営業日だったため、可能な限り復旧させる必要があった。

エレベーターの安全点検も済ませて、センターを閉めたのが夜中の一時くらい。やっと家に帰れる。車でいつもの道を家に向かうと、真夜中だというのにまだ道は渋滞していた。

翌日の朝。「夜中に大きな余震があったので、またエレベーターが動かなくて……。利用者さんには、階段を使ってもらいました。車イスの方は車イスに乗っていただいたまま、スタッフが持ち上げさせていただきました」

その後も、計画停電のたびにエレベーターが使えなくなった。そのたびに、お年寄りたちは心苦しく思ったはずだ。利用者にそのような思いをさせることが、菊池さんたちにとってもつらいことだったようだ。

菊池さんは以前、コープデリ千葉海浜センターで、夕方配達をしていた時に地震が起きて、高層マンションのエレベーターが止まり、困った経験がある。

「非常階段を見上げ、気合を入れて上ったときのことを思い出しました」と、優しい笑顔で話した。

誰かのために、全身の力を使って行動する人たちの「誠実さ」を、菊池さんの笑顔の中に見たような気がした。

周りに助けられてなんとかなりました

津田沼デイサービスセンターで出す昼食の食材は、ふだん、ちばコープの宅配で賄っている。しかし、地震の後、冷凍食品の配達がなくなった。食材は数を揃《そろ》えるのが大変だった。ちばコープのコープ東寺山《ひがしてらやま》店や薬円台《やくえんだい》店に協力してもらったり、スタッフたちが近くのスーパーの店頭で、数が揃《そろ》いそうな食材を発見すると、携帯電話で連絡をしあい買い物に走った。

また、津田沼《つだぬま》デイサービスセンターは、一日のサービスを提供する施設なので、「入浴サービス」もある。しかし、停電により、入浴サービスの提供は困難になり、楽しみにしていた利用者をがっかりさせてしまった。

そして、停電には食堂スタッフも困った。ガスだけで献立を作る工夫をした。電気がつかない厨房《ちゅうぼう》で調理をするために、スタッフのお連れ合いがアウトドア用の照明を持ってきて、手元に灯《あか》りを照らせるようにしてくれたりと、みんなの工夫と協力で乗り越えた。

「周りに助けられてなんとかなりました」と、菊池さんはしみじみ話した。

デイサービスは求められている

福祉事業部で仕事をするようになって四年。菊池《きくち》さんは生協が福祉事業を展開する意味を感じているという。利用者の家族からは、ちばコープだから安心して親を預けられる、という言葉をもらうそうだ。

「ふだんのちばコープの信頼があるからこそ、自分のお父さん、お母さんを預けても大丈夫、と思ってくれているようです。それは、ふだん配達をしている職員と組合員さんとの信頼関係があるからだと思います」

ちばコープのデイサービスでは、月に一度、「外出」というメニューがあるそうだ。いちご摘みに行ったり、紅葉を見に行ったり、外食したり、ときには道の駅で買い物をしたり。家族だけで、お年寄りを外に連れ出すのは大変だという。本人にも家族にも、「もしも転んだら」という不安があるという。お年寄りは「転ぶ」と、それまでとは状態が大きく変わることを本人も家族も知っているので、外に出ることに消極的になってしまうそうだ。でも、それがデイサービスの外出なら、スタッフが支えてくれる。お年寄りも、家族も安心だ。

また、出かけるたびに写真を撮っている。

「ご本人以上に、ご家族から、こんな笑顔、家では見たことがない」と喜ばれるそうだ。

また、その外出先で、ちばコープの組合員たちから声をかけられるという。それは、見たことのない、ちばコープのデイサービスの車を発見するからだ。

「ちばコープにデイサービスがあるんですかと、すごく声をかけられます」と菊池さん。

「私の家の近くにもあるの？　利用できるの？」と、組合員に聞かれるそうだ。

「やっぱり、求められているんだなと思います」と、菊池さんは話す。

デイサービスで、お年寄りたちと関わってきた四年間の中で、菊池さんは、この「外出」が「一番やりたい」ことだという。いつか役に立てばいいなと思い、大型二種免許も取得したそうだ。

デイサービスで過ごす時間

「デイサービスで一緒に過ごせる時間は、だいたい三～五年くらいなんです。そんな〝短さ〟なんです。だから、ここにいる時間はみんなで楽しめる時間にしたいと思っています」

と菊池さんは話していた。

デイサービスで楽しく過ごすと、家に帰っても、その話をするときの笑顔や会話で家族も楽しくなるという。「ここでの時間が楽しいと、家族も楽しくなるんですよね」

菊池さんにとって、忘れられない利用者がいる。

「この仕事に就いて、最初に亡くなった方です。ガンでした。亡くなる前日、明日はデイがあるからといって、出かける用意をして、寝床について、そして、亡くなったそうです。明日、デイに、行きたいと言ってて」

「その『行きたい』という言葉から、『頑張って生きたい』『生き抜こう』とする人間の強さを教えてもらったような気がしました。すごいと思った」と菊池さんは話していた。

デイサービスとは、人生の〝秋林《しゅうりん》〟の時期をともに過ごす場所。状態は悪くても、それでも利用者たちは懸命にその日その日を生きている。その利用者たちの気持ちや姿勢から、菊池さんたちデイサービスで働く人たちは、多くのことを教わっているという。

菊池さんは願っている。「千葉県内に、もっとちばコープのデイサービスがあればいい」と。

6　一日もはやく商品をお届けしたい
《印西冷凍集品センター》

国内有数の最新鋭設備

千葉県北西部に位置する印西市《いんざいし》松崎《まつざき》工業団地内に、ちばコープが所属するコープネット事業連合の「印西冷凍集品センター」がある。

ちばコープ、いばらきコープ、さいたまコープの組合員に冷凍商品を供給している冷凍物流センターで、二〇〇九年から稼働している。国内でも有数の最新鋭設備を有するセンターだ。

二〇一一年三月一一日午後二時四六分。印西市は震度六弱。県内で最大の揺れを観測。

この地震により、内部の機械設備、配管、電気系統などに、大きな被害が発生し、物流としての機能が止まってしまった。

集品機能が停止状態に

震災当日は金曜日。ふだん、金曜日は物流センターの仕分け作業はないので従業員は休み。事務職員とメンテナンス業者の関係者と、当時センター長だった長谷川裕之《はせがわひろゆき》さんだけがセンターにいる状態だった。副センター長の千葉和浩《ちばかずひろ》さんは公休日だった。

地震発生後、長谷川センター長は、千葉さんの携帯電話に連絡を入れていたが繋《つな》がらなかった。やっと繋《つな》がった時、千葉さんは伝えられた。

「地震であちこち、大きくやられてしまって、印西は集品できる状態じゃない」と。

出先にいた千葉さんは、センターに向かえなかった。仕方なく翌日の集合時間、朝八時に出勤することに。千葉さんの復旧活動はその時から始まった。

三月一二日、職員全員で施設内の被害状況の確認を行った。事務所の中は、机の上のパソコンが倒れて床に落ちていた。集品設備のコンベア、クレーン、レール機器が歪《ゆが》んだり、折れ曲がっていた。コンベアを床で留めているボルトも折れ曲がっていた。大きくコンベアが揺さぶられたせいだ。

また、二階の天井裏を這《は》っている水道管のパイプが破損し、水漏れが発生していた。天井から水が降り注ぎ、マイナス二五度の庫内のあちらこちらでつららができていた。

また、床暖房の冷媒配管も断裂していた。ピンクの液体が漏れて、いたるところにこびりついていた。冷媒の配管を止めている棚も崩れた。エアコンプレッサーも曲がっていた。

屋上に設置している、冷媒設備は土台が割れていた。そして、入口の従業員の下駄箱も倒

写真④　印西冷凍集品センター。

れてしまい、入口をふさいでいた。資材もいたるところで崩れていた。（写真④）
　印西冷凍集品センターの設備の中でも、その規模と機能において自慢の設備の一つである「ケース自動倉庫」にも、大きな被害が出ていた。
　「ケース自動倉庫」とは、商品を一時保管する巨大なボックス型のケースが並ぶ倉庫だ。ケースは一万一、二〇〇ケース。ケースには、商品を持ち上げるためのパレットが底に置かれている。大きなケースが横に八〇個ならび、床から一〇段積み上がっている。高さは、二四メートルになる。その一側面が八〇〇ケースで構成されているケースの塊が一四連立ち並び、その間を八基のクレーンが縦移動と横移動を組み合わせて、ハイスピードで目的の

写真⑤　印西冷凍集品センターの冷凍のケース自動倉庫内。

ケースの前にたどりつき、保管している商品をケースから取り出し、仕分けに繋《つな》がるラインに流す大装置だ。高さ二四メートルは、七階建のビルに相当する。

その「ケース自動倉庫」の庫内が、メチャメチャに崩れていた。パレットが落下していた。商品が乗っていたパレットは、商品が崩れて、途中のケースにひっかかっていたり、床に落ちたりしていた。パレットもケースから落ちたり、途中でひっかかっていた。（写真⑤）

いつもはマイナス二五度の中で、直線と直線が九〇度に交わり、機能する大装置。自動化され、無人で動くすぐれたシステムだ。それが、曲がったり、歪《ゆが》んがり、棚から落ちた商品が散乱している状態に陥ってしまった。

職員たちは、その光景を目の前にしたとき、誰もが茫然《ぼうぜん》とせざるを得なかった。

機械関係、設備関係は、当然、専門業者に修理を依頼する。しかし、「ケース自動倉庫」のパレットを元に戻す作業は、自分たち職員が手作業で行うしかなかった。

「手で直すしかない。何人かで毎日、冷凍庫に入って、修正していこうということになりました」と、森広樹《もりひろき》さんは語った。

森さんは震災当日付で、長谷川さんから印西冷凍集品センターのセンター長を引き継ぐ辞令を受け、異動直後から復旧の激務に携わることになった。

「業者さんも人手が足りない。でも、一日もはやく商品を組合員に届けるためには、いち早く直さないと。かなり、無理を言った」と森さんは当時を振り返った。

修理に着手してから一週間くらいで、震災から三週目には集品ラインが動かせるかもしれない、という目途《めど》が立った。森さんたちは、コープネット事業連合の宅配商品部、運営企画部と相談、協議し、一番被害の大きかった、いばらきコープから集品することを決めた。その次が、ちばコープになった。

命がけだった

ケース自動倉庫の棚の補正作業に取りかかった。パレットの枠がちょっとでもずれると、センサーにからみクレーンは動かない。崩れたパレット位置の補正を職員たちが手で行った。

「私は高いところは嫌いじゃないんですけど、最初に一番高いところに行ったときは、足がすくみました」と千葉さん。

命綱一本つけた千葉さんがクレーンに乗り、クレーンを上まで上げる。乗っている千葉さんは、高さ二四メートルの空中でパレットをまっすぐに戻す。

「当時は、まだ余震がしょっちゅうあって、あっはっはっは」と森さん。

「生きた心地はしませんでした」と千葉さんは苦笑いしていた。

時間が経過した今だから笑えるのだ。当時のその瞬間の恐怖心の大きさは、どれほどだったろう。厳しい仕事だったはずだ。

しかし、彼らは、この作業ができるのは、物流の職員である自分たちしかいないことを知っていた。自分たちがやらなければいけないのだ。マイナス二五度の倉庫に入って、黙々とパレットを正しい位置に修正する補正作業を続けた。

「大げさですが、命がけでした」と森さん。「でも、それをやらないと復旧できないんです」と千葉さんは言葉を継いだ。

修繕会社の協力と、職員によるケース自動倉庫の棚の補正作業も進み、三月二七日、いばらきコープ分の集品を始めることができた。そして、四月三日は、ちばコープの集品が再開し、翌週四月一〇日、さいたまコープの集品が再開した。

弱点が露呈した

印西《いんざい》冷凍集品センターの最新鋭設備は、自動化のシステムだ。商品は入荷してから、自動で倉庫に入り、仕分けのラインに流れる。その後も商品は自動で次から次へと流れていく。その機能のどこか一部でも停止してしまったら、機械が元どおりにならない限り、集品作業は復旧しない。人を大勢集めて人海戦術でフォローできる仕掛けではない。

今回、被害を受けたことで、印西冷凍集品センターの設備の弱点がわかったと千葉さんは話していた。建物の耐震基準はあったが、内部の機械・設備には耐震対策はしていなかったという点だ。

集品作業を復旧させて以後、機械の耐震対策工事に着手し、震度六弱の地震が発生しても、長時間にわたり集品ができない状態に陥らない対策を施したそうだ。

「宅配事業は物流が要。ここが機能しなければ商品は流れない。すごく重要だということを再認識しました」と森さんは語る。

それにしても、今回の地震発生が、仕分け作業のない金曜日でよかったと、森さんも千葉さんも振り返っていた。印西冷凍集品センターは、倉庫部分は自動だが、商品の仕分けは、やはり人の手で行わなければならない。通常の作業が行われている曜日なら、施設内に約三〇〇人が働いていた。森さんは、「地震が金曜日以外だったら、おそらくパニック状態に陥ったし、われわれ管理者も、きちんと役割が果たせただろうか……」と、自信なさそうに話していた。

感動に包まれた再開の時

森《もり》さんも、千葉《ちば》さんも、物流で仕事をする前は、ちばコープの共同購入センターで仕事をしていた。

「組合員さんがいろんな思いを込めて注文してくれている。商品を間違いなく組合員さんのお手元にお届けしなくてはいけない」と、千葉さんは思い続けてきた。

組合員の気持ちに思いが馳《は》せられるからこそ、作業は連日深夜まで及んだが、一日でもはやくと思い続けて修理にあたることができた。そこには、物流の果たす役割を知る者が持つ、責任感と使命感があった。

「一日でもはやく届けたいの一念だった」と森さんも言った。

宅配センターの職員が、「冷凍が来ていません」と言って組合員に謝りながら配達していることが想像できる。「ごめんなさい」と謝りながら欠品をお知らせしてきた経験が森さんにもある。「待っている人たちに対して申し訳ない気持ちでいっぱいでした」と話していた。

三月二七日のいばらきコープ分の集品を再開させた時、そして四月三日のちばコープ分、四月一〇日のさいたまコープ分の仕分けを再開させた時、印西《いんざい》冷凍集品センターの職員たちは感動に包まれたという。

「初めて生協が物流施設を作ったとき、初めて仕分けができたときと同じような感動だった」と森さんは話していた。

＊　コモテック——日本生協連に加盟する大手生協が設立した「日本生協店舗近代化機構（コモ・ジャパン）」が、大型店舗の運営を任せる人材を育成するために行っていた長期留学制度（二年間）「コモテック・こうべ」のこと。

第3章

東北支援が教えてくれた

第3章では、ちばコープの職員と組合員が繰り広げてきた、さまざまな「東北支援」を紹介します。東北で製造されている商品のおすすめ活動やボランティア活動、そして地域の組合員と一緒に展開した避難者支援の取り組みなどがあります。

これらの取り組みにかかわった人たちは、「東北支援」を通じて多くのことを感じ、気づき、明日につながる何かを得たようです。それら「得たこと」、「至った思い」などを記録し、お伝えします。

「東北支援」は終わっていません。これからも長く続けていかなければいけません。誰もがそう考えています。

1　被災地、東北に

(1)震災前の日常にはまだまだ遠い状態だった

《みやぎ生協・気仙沼支部業務支援》

センター長から声をかけられて

二〇一一年三月二八日、みやぎ生協は共同購入（宅配）のチラシと注文書の配布を再開した。全国の生協の職員が、組合員の安否と配達先を確認しながら利用再開のお知らせをする配達担当者の支援をするために、みやぎ生協の共同購入支部に入った。ちばコープ・コープデリ成東《なるとう》センターの営業担当、幾志耕世《きしこうせい》さんは三月二八日から四月一日の五日間、大津波により甚大な被害が発生した宮城県気仙沼《けせんぬま》市を共同購入事業の配達エリアとしているみやぎ生協・気仙沼支部で業務再開支援にあたった。

幾志さんは震災当日、営業車両で担当地区を回っていた。大きな揺れの直後、津波が来るにちがいないと思い、センターに連絡を入れ地区の中で一人暮らしをしている組合員宅に向かった。案の定、高齢の組合員たちは避難もせずに自宅にいた。「ぼさっとしてないで逃げよう」と避難するよう声かけをした。また、蓮沼《はすぬま》の木戸川《きどがわ》の河口側にある高齢者施設で高齢者たちの避難が始まっていたのでその手伝いもした。そんな幾志さんだ。幾志さんは、震災直後から「東北の被災地のために自分も何かしたい」と思っていた。しかし、仕事を休んで東北に行く余裕はなかった。そこに、当時のセンター長からみやぎ生協の業務再開の同乗支援に参加しないかと声をかけられた。幾志さんは選んでもらえて嬉《うれ》しかった。

自然には逆らえない

三月二八日週の月曜日から木曜日は、一人の配達パート職員のコースに同乗した。組合員の安否確認と配達先の確認、そして、会える組合員には救援物資を渡しながら、共同購入再開のお知らせをした。

瓦礫《がれき》に埋もれて道がなくなっていた。地盤が沈下し、その先に進めなくなっていた。火災が発生し一帯が「燃えカス」だけのところもあった。また、生協と同時にやっと自衛隊の捜索隊も入ってきたという地区もあった。垂れ下がっている電線をつついて、どかして、トラックを進める場面もあった。ここに組合員の家があったという場所にポストだけがポツンとあり、「〇〇〇避難所にいます」という張り紙がされていた。

「なんだろうな……」と言い、次の言葉が出てくるのにすごく時間がかかる。「うーん。正直、あまり、驚きはしなかった。いつ自分のところに起きてもおかしくないことだし。あの光景を見てしまえば。自然には逆らえるものじゃないなと。これまでもそう感じてはいたけれど、そのことをもっと強く感じてしまった」と幾志さんは話していた。

たくましいな

幾志さんが同乗したコースの中でも、田舎の方では、近所の人たちで身を寄せ合い、庭にブルーシートでテントを作り雨風をしのいでいたり、壊したドラム缶を使い、集めた瓦《が》礫《れき》を燃やして自炊している人たちがいたそうだ。

「おじいちゃん、おばあちゃんの知恵でかまどを作って、炊事をしていたり。雨水をためて洗濯していたり。たくましいな」と感じたそうだ。

このような災害発生時に、ライフラインが寸断されてもなんとか生活ができる「生活力」を持ちあわせていた。それらは、ふだんから、近所の人たちとのつながりを大事にしていた人たちが持つたくましさだった。

「このような大災害は千葉にも起きうる。自分のこととして考えなくては。かといって何もできないんですけど。気持ちの用意くらいしか……」と幾志さんは話した。

傷は簡単には癒えないだろう

気仙沼《けせんぬま》地区は、あの日、大津波に襲われた。場所によっては遡上高が二〇メートルを超えた地域もあると記録がある。幸いにして気仙沼支部は近くまで津波が来たが、浸水を免れた。しかし、幾志《きし》さんが応援に入った震災後三週間目当時は、まだ、電気もガスも復旧していなかった。

あの日のことを思い出すと眠れないとか、海辺が怖くて見られない、近づけない、行くだけで足が震えると話す職員もいたという。

みやぎ生協では、一六人の職員が津波の犠牲となっている。共同購入は再開したものの、街の中も、住民たちの生活も、そして職員一人ひとりの気持ちも、まだ異常事態の中にあった。仲間たちは協力しあい、団結して、業務の再開を目指していた。職員たちの状態は、まだ気持ちがピンと張りつめているような状態だったと、幾志さんは記憶している。

幾志さんが同乗したパート職員は、あの日、海沿いを配達していた。震災から三週間近くが経過していたが、地震が発生した時間に配達していたあたりに行くと、あの日、津波から逃れ、高台から見た映像が蘇《よみがえ》ると話していた。その少し前に配達した組合員の家が、あっという間に流された。街は、山の中腹くらいまで水浸しになった。車がプクプク浮いていた。取り残されている人もいた。誰も助けられなかった。そして、引く波に流されていった。「その光景を目の当たりにしているわけだから。傷は簡単には癒えないだろう」と幾志《きし》さんは話していた。

担当者と無事再開することができた組合員は、無事だったことをお互いに喜び、抱き合って泣いていた。

共同購入の再開のお知らせをすると、「持ってこられても困る」、「仕事を失った」、「工場が流されて仕事がない」、「今はまだ共同購入のことは考えらない」という声も珍しくなかった。

「だんなが行方不明で帰ってこない」と話す人もいた。その生々しさに、震災前の「日常」にはまだまだ遠い状態だ、と幾志さんは感じた。

「冷蔵庫が使えないから、今は注文できない」、「お水だけ欲しい」、「灯油だけ持ってきて」。生活に困っている組合員の、切実な声も聞かれた。

一人ひとりの組合員に対して、親身に、丁寧に対応するみやぎ生協の職員の姿を、幾志さんは目の当たりにした。

〝一期一会〟を大切に

「なんだろうな……、なんだろうな……、うーん」とうなり、幾志《きし》さんはようやく口を開いた。

「自然に勝てるわけはない。自然災害だから仕方がない。いつどうなるかわからない。人は自然とともに生かされているというようなことを痛感した」と。

そして、人が自然の一部なら、自分が生まれ持ってきた役割のような「何か」、自分が必要とされている「何か」があるのではないかとも思えたそうだ。

そう思えたことで、仕事においても与えられた自分の役割をまっとうしなくては、と思えるようになった。すべての取り組みに対して、真面目に向き合えるようになった、と話していた。それは、人に対しても。

「〝一期一会〟を大切にしようと思えるようになった」と言い、そして、少し笑いながら「たぶん、以前だったら、この忙しいときに、取材なんて面倒くさいなぁ。忙しいから、はやく終わらせちゃおう、と思ったと思う。でも、被災地の応援に行かせてもらった。あの体験をさせてもらったのだから、自分が得たものは話をさせてもらいたいと思えるようになったし、そのことを一人でも、二人でもいい、伝えられたらいいと思う。それが自分にとって、すごい変化ですね」と幾志さんは話す。

ちばコープは、震災発生直後の三月から四月にかけて、みやぎ生協の共同購入支援に一六名の職員を派遣した。全国の仲間とともに、被災地の組合員のふだんのくらしを一日でも早く取り戻すための業務再開支援だった。

異常災害に見舞われた被災者に向き合うみやぎ生協の職員たちの傍らで、きっと、ふだんは見過ごしている「何か」を見、そして、自分たちの仕事を捉え、見つめる「これまでとは違う視点」を得ることができたのではなかっただろうか。

(2)続ければ、前に進む
《岩手県生協連要請「岩手県引っ越しボランティア」》

とにかく乗り切るぞ

ちばコープ・コープデリ松戸《まつど》センターのセンター長・柳沢信吾《やなぎさわしんご》さんは、震災後の七月に「岩手県引っ越しボランティア」に参加した。

岩手県生協連から日本生協連を通じて、岩手県内の避難所から仮設住宅への引っ越しをお手伝いするボランティア派遣の要請があり、それに応えてちばコープからは一一人の職員が参加。そのなかの一人が、柳沢さんだった。

柳沢さんは震災当時、コープデリ白井《しろい》・印西《いんざい》センターのセンター長だった。地震が発生した当日は、船橋《ふなばし》市で総代懇談会があり、終わるとセンターに戻った。戻る途中で二度の大きな揺れに襲われた。車のテレビで東北で大地震が発生していることを知った。

センターに戻ると、センターは食堂の食器がいくつか割れたくらいの被害だった。

浦安行徳《うらやすぎょうとく》センターの谷中亭一《やなかこういち》センター長からメールが届いた。写真が添付されていた。「浦安行徳センターから見た光景です。浦安は大変なことになっています」「駐車場が液状化でグッシャングッシャンです」「向いに見える市原《いちはら》のコンビナートで火災が発生してセンターの窓ガラスが振動で鳴っています」

柳沢さんは、テレビが映した東北の状況や浦安行徳センター長から発信された浦安の状況は認識できた。しかし、その現実と自分がいる周囲の状況とのギャップの大きさも感じた。東北と浦安のことが現実のこととして受け止めきれない、そんな感覚もあったそうだ。

とはいえ、近隣のスーパーを見れば、買い物客が押し寄せ、売り場は殺気立っていたし、翌日にはガソリンスタンドに行列ができていた。自分の周辺もいつもと違う状況になることは予測できた。それでも柳沢さんは、後から思い返すほどに、自身はあの時点で、「震災」の大きさを実感することができていなかったと、思ってしまうそうだ。

翌週は、ちばコープのどのセンターもそうだったように、配達する商品と情報が大混乱をしていた。

「『理事長のメッセージ』（資料1〔260ページ〕）が出たんです。事業を継続することが大事だという。そのメッセージに自分のメッセージも加えて、職員たちには、とにかく乗り切るぞと伝えました」

「引っ越しボランティア」に志願

柳沢さんは二〇一一年六月、「岩手県引っ越しボランティア」の募集を知り、志願した。

彼は、浦安行徳センターで副センター長だった時期がある。「俺は浦安を知っているけど、何もしていない。そういう気持ちもあったかな。うじうじ考えるなら手を挙げる方がいい」と思った。

ちばコープからは、六月二八日から七月二八日までの五週間に一一名の職員が参加した。毎週、二、三名ずつ五日間の活動を行った。

七月二六日、柳沢さんは地区長（当時）の相馬《そうま》清春《きよはる》さんと被災地に入った。

「頭が止まりました。テレビで見る被災地は、結局、テレビのフレームの範囲の中。でも、そこに行くと、ぐるっと全部がそうで……。ぜんぜん違う、というか。圧倒的な破壊で。これを人の手で元に戻すということが想像つかない。そのぐらい、すごい破壊だった」

あいにく、柳沢さんの活動期間中には大安の日がなかった。東北の人たちは暦を気にするので、引っ越しはなかった。それでも細かいものを運ぶ仕事はいっぱいあり、ボランティアセンターの指示に従い、トラックで物資を運ぶ活動をした。

仮設住宅に入る被災者たちは、住まいも家財も失っていた。そこで仮設住宅で使えるようにと、ボランティアが作った下駄箱やレンジ台を仮設に届けた（写真⑥）。また、大阪の生協から被災者に使ってほしいと大量の食器が届いた。その食器も仮設住宅に届けた。

「引っ越しボランティア」は、日本生協連が窓口になって全国の生協に呼びかけた。全国の生協職員が駆けつけて一緒に活動をした。一日の活動が終わると、みんなで報告会も持った。一日目の柳沢さんの報告の言葉は、「俺の中では、整理がつきません」だったそうだ。

仮設住宅は山奥にあった。こんな不便な場所でいいのかと思った。そこでこれから暮らす人たちの日々の生活が気になった。

写真⑥　引っ越し支援で下駄箱やレンジ台を仮設に届けた。

あまりに大きな破壊を目の当たりにした。人の手で復興できるとは到底思えなかった。柳沢さんは絶望感と無力感に覆われてしまった。

柳沢さんが、携帯で撮った写真の中に大槌《おおつち》町の町役場の側で、七月にオープンした、青空居酒屋が映っていた。

「キャンプ用のテーブルとイスを置いて、それでお店。そこに、『祝開店』の大きな花輪があったんですよね」

大槌町は、彼の目には色が失われた世界に見えた。しかし、そのような絶望的な町なかで、居酒屋が開店した。そこに飾られた「祝開店」の大きな花輪。そこだけ、柳沢さんの目には、色がついて見えたという。希望の色に見えたのだろう。「たくましさを感じた」そうだ。でも柳沢さんが抱えてしまった無力感は晴れなった。

復興のために自分にできること

「船があったんですよ。釜石《かまいし》に。津波で持ち上げられた。すごいでっかいんです」

釜石港の埠頭《ふとう》に、津波により乗り上げていた青色と赤色が鮮やかな船体、「アジアシンフォニー号」[*1]のことだ。柳沢さんは、その船をその場で見上げたときに、その大きさに圧倒され、これを動かすのはどれほど大変だろうと思った。ところが一〇月に、その船が大型のクレーンで持ち上げられ、海に戻されることになったというニュースを見た。

その時、「すこしずつ、前に進んでるんだな」と、初めて復興の実感を伴ってニュースを受け止められた。そして、「時間はかかる。一日一日は、あまり変わらないが、でも前に進むんだ」「無駄と思わずに続ければ、前に進む」と、そう感じることができたそうだ。

その後、柳沢さんは、被災地の復興のために自分にできることは何かを考えるようになった。そこでふっと思い出したのが、震災直後に出された「理事長のメッセージ」だった。

「ちばコープの経営がちゃんとしていないと支援をする余裕も生まれない。ちばコープが組織として支援を継続できるように、足元の事業をしっかりしなくては。組合員に利用してもらって利益を出して、その利益から支援を継続的に行う。センター長としてしなければならない東北支援は、ちばコープが継続的に支援できるように経営を支えることだ」と思い至った。

「この前、旭《あさひ》の仮設住宅の炊き出しボランティアの緊急募集があった。これまで行けなかったんですけど、うちのセンターの若い職員に声かけたら行きますというのが二人いて、三人で行ってきたんです」

「炊き出しは、ごはんを渡すことが目的じゃなくて、仮設にこもりっぱなしになっている人たちに外に出てきてもらうという意味もあるんだなと初めてわかりました」

「若い職員二人が行きますと〝二つ返事〟で言ってくれたのも嬉《うれ》しかった」と話していた。

「そういえば……」と、今になって思い出したことがあるという。「被災地でよく見たのは、自衛隊か、警察か、生協のトラックでした。被災された皆さんにとっては自衛隊が一番ポイントが高いと思うけど、生協もポイント高いと思いました。遠くからトラックで駆けつけて、生協というと通じちゃうし、全国の人たちと一緒にできた。生協はすごいなと思いました」

（3）難局は仲間とともに乗り越えたい

《初めてのボランティア》

自分もその一人になれる

ちばコープの中には、自分のプライベートの時間を使い、被災地の復旧支援のボランティアにかけつけた職員もいた。その中の一人、当時コープ運輸君津《きみつ》営業所（現・協栄流通㈱君津事業所）のリーダー・主任、渡邉厚《わたなべあつし》さんに話を聞いた。

「夏に、ボランティアに参加しました。きっかけは、コープ運輸の仲間、館山営業所のリーダー、君塚《きみづか》さんの誘いでした。彼の親族が宮城にいて、車も流されたと聞きました。すでに、君塚さんは何度もボランティアに参加していました」

渡邉さんは、コープ運輸の仲間、君塚拓《たくみ》さん、小高直樹《おだかなおき》さん（茂原《もばら》営業所）と三人で、宮城県七ケ浜《しちがはま》町に向かった。金曜日の仕事を終えて、交代で車の運転をした。

彼らが参加した、七ケ浜町でのボランティア作業は、津波の被害に遭った家屋跡の瓦礫《がれき》撤去と整地作業だった。

「もともとは住宅街。津波に壊された残骸が残る家をきれいに整地するのが役割でした。

整地をすれば、再建ができるので。残っている低いブロック塀を大きな金槌《かなづち》で壊したり、余分な粘土質の土を取り除いて、平らにする、そういう作業です」

ボランティアの中には、日本語を話せない若い外国人もいた。

「大学を休学して、ボランティアに参加しているということでした。自分の国のことではないのに、外国から駆けつけている。そういう大勢の人たちの力が集まると、復旧も進むんだな、乗り越えられるんだな」と、渡邉さんは感じたそうだ。

震災をきっかけに、これまで経験のなかったボランティアに参加しようと決めた渡邉さん。仲間の君塚さんから、「ボランティアに行くと、現地の人に喜ばれる。それは気持ちがいい」と聞き、自分も経験したいと思ったという。

「金曜日の仕事が終わって、シャワーだけ浴びて集合して、出かけたんですが、ワクワクというか、楽しみという気持ちが大きかった。不安はなくて、『あえて行くことでもないなぁ』というような気持ちはほとんどなかったです」

震災後、テレビなどで、ボランティアの活動が報道されていた。自分もその一人になれると思えたという。

彼には、震災のような大災害が身近に起きたら、そういう行動をとりたいという気持ちがあったようだ。心の準備は知らず知らずのうちに整っていたのではないだろうか。

「そうですね……、一度はボランティアを体験したいという気持ちがあって、これでできると思いました。子どもの頃から好きなマンガやテレビは、〝人を助ける〟というテーマのものでした。高校のときには消防関係のマンガがあって、それにはまっていました」

宮城県からの帰り道、体の疲れは感じながらも、参加してよかったという気持ちに満たされたという。

もっと人を巻き込んで

「一番大きかったと思うのは、震災ほどではなくても、自分たちも難局に遭ったら、一人ではなく、何人かが集まることで乗り越えられるのだと感じたことです。それが一番強かったと思います」

「大きな悩みは、周りに開示することで解決できるのかもしれない。新たなことに繋《つな》がるのかもしれないと考えることができるようになりました」

それは、ふだんの仕事の中でも活かせる気づきだったと渡邉さんは話す。

「営業所には新人もいれば、ベテランもいる。それぞれがやることに対してさまざまな気持ちを持っている。やる気のある担当者もいれば、やる気がない担当者もいる。悩みを抱えてしまう担当者もいる。そういう場合には、もっと人を巻き込んでいくこと、一対一で解決させるのではなく、同じ仕事をする仲間を巻き込みながら相談に乗るのがいいと思えた」

「ある担当者一人が悩んでいれば、同期で入社したもう一人も同じような悩みを抱えているかもしれない。けれども、そっちの担当者は悩みとは感じずに、次に進むことができたというのであれば、その担当者も巻き込んで解決したり。また、先輩がその悩みについてだったら、すぐに解決させられるような何か、答えや解決方法を持っていれば、相談を受けた自分だけが答えるのではなく、その先輩や仲間にも声をかけ、状況によってはチーム全員で話すというやり方でもいい。そのような対処能力が増したというか……、それが一番の収穫だったと思う」と渡邉さんは語った。

ボランティアの一日――そこには、全国各地から、なかには外国から駆けつけた人たちもいた。そして家族を亡くした人たちも参加していたそうだ。日常とは切り離された、災害時のボランティア作業という特別すぎる時間と空間の中で、ふだん出会うことのないさまざまな境遇を抱えた人たちと時間を共有した。そして一つのことを成し遂げた。渡邉さんは、この体験から「難局も周囲に開示し、みんなで対処すれば乗り越えられる」と、気づいたという。

その日、津波被害によりほとんどが破壊されてしまった家屋跡の整地を終えた時、かつてはそこに自宅があった家の持ち主が来て、ボランティアたちにお礼を言ったそうだ。「その方は涙ながらに、お礼の言葉をかけてくれた」と渡邉さんは話した。

命は助かっても、家を失い、家財を失った人たち。茫然《ぼうぜん》としただろう。生活を再建するためには、その悲しみと失望から、一歩踏み出さなくてはならない。その一歩を踏み出すためのスタート地点を、ボランティアたちは整えた。東北で被災した方たちの涙は、深い悲しみの涙に違いないが、その中にはきっと、再建の後押しに対する感謝の気持ちもこもっていたことだろう。

2 「忘れないで」の意味
《ふれあい喫茶が教えてくれた》

ただただお話を聴くために

みやぎ生協が県内各地の仮設住宅の集会室で住民たちに提供している「ふれあい喫茶」は、ボランティアたちにより運営されている。被災地のくらしの復興を支えるこのみやぎ生協の取り組みを長期的に支援しようと、ちばコープも加盟しているコープネット事業連合は、毎月二回、職員と組合員をボランティアスタッフとして派遣し続けている。
そのふれあい喫茶に参加した、四人のちばコープの理事、相原時子《あいはらときこ》さん、秋山尚美《あきやまなおみ》さん、緒方奈々子《おがたななこ》さん、西山裕子《にしやまひろこ》さんに話を聞いた。

秋山　自分たちが行って、何かのお役に立てたとは思えない。場はちゃんと出来上がっていて、逆にいろいろと考えるきっかけだけをもらった感じ。

緒方　わざわざ千葉から来てくれてありがとうと感謝されて、いいのかなと思った。でもやはり、行かないとわからないことはある。誰かのためではなくて私のためだった。
報道ではわからない、どこでどんな怖い思いをしたとか、一人ひとりの事情は違っている。一人の人からゆっくりその人の話を聴くと、こういう人たちがいっぱいいるということがわかった。忘れちゃいけない。ずーっと気にかけていきたい。一年二年で終わるようなことじゃないと思った。

相原　お会いするまで緊張したんですよ、私に本当に受け止められるかと。ある方とお話をしているうちに、漬物の話になった。漬物を漬けたいけど、漬ける桶《おけ》がないの。干しておいて流されちゃった、と話された。

日常が壊れるとはこういうことなんだ。こういう小さなことが、ボディブローのように効いてくる。それまでふつうにできていたことができなくなったそういう辛《つら》さが、あとあとまで引きずるのかなと思った。自分には募金くらいしかできなくて、被災地のためにできることがなかったから行って、みなさんと話ができたことは、自分にとっても救いだった。『そのお漬物はどんな漬け方をするんですか』と聞いたら、『ええとね、それは冷蔵庫のここに貼ってあったのよ。それが流されちゃったからわかんないの』っておっしゃっていた。

西山　二月に行ったとき、事務局の桜井《さくらい》さん（コープネット事業連合危機管理室　桜井博孝《ひろたか》さん）が、大曲《おおまがり》地区（東松島市）を案内してくれた。地面のあちこちから生活用品が顔を出していた。お茶碗とかコップとかお人形とか。何か月前までは、ここで、誰かがこのお茶碗でごはんを食べていた。その生々しさから、これは凄いことが起きたという実感がわいて。翌日のふれあい喫茶、私は大丈夫？　私に何ができるんだろう、と不安になった。こちらから何を話していいかわからないから、馬油《ばーゆ》のクリームを持っていった。おばあさんたちの手を見ると、ガサガサなの。よかったらマッサージしていいですかって。大人気だった。

秋山　なんでこんなにしゃべってくれるんだろうと思った。

西山　近くの人はみんな被害を受けている。被害を受けている人同士だと話せなくなる。遠くから来た人がいいと言っていた。話を聴いてほしいんだと思う。一人ひとりがひどい体験しているから、聴いてほしい。被災者同士だと「うちはね」となって、お互いにかぶせて話をする。それだとお互いにすっきりしない。私たちは被災者ではないから、ただただ聴くことができる。そのために来たんだと自分に言い聞かせた。今こそ傾聴講座を活かそうと思った。

そのうち馬油で足のマッサージも始めた。足をマッサージするともっと気持ちがほぐれる。ある方が息子さんが亡くなられた話をしだした。息子は高台で働いていたから絶対に大丈夫だったはずなの。息子が死ぬはずはない。ところが、避難所の側の遺体安置所で待っていた。私のことが心配で会社から家に戻ってきたんだ。私たちのことはいいからって、どうして携帯で連絡をしなかったんだろう。すごく悔やまれる。私たちは助かったのに息子は亡くなった。

秋山　ちゃんとわかってほしいって言われたのかな。大変だったことをわかってほしいって。

今までは百坪、二百坪の家に住んでいて、門も立派だった。だけど全部無くなった。今はその土地に家を建てちゃいけないと言われた。その土地を売っても安いの。高台の土地は高くって買えない。そういう現状を知ってほしい、忘れないで、まだこんなに大変なの、まだまだ、ぜんぜんなの。そういう憤りもあるのかな。

西山　私がお話を聴いた方も話していた。私たち貧乏じゃなかったのよ。庭は広くて、木もいっぱい、花もいっぱい植えていた。洋服もいっぱいあったの。宝石もよ。かわいそうにと思ってもらうのはありがたいんだけど、もともとは貧乏じゃなかったのって。

緒方　してもらうばかりの立場は辛いよね、きっと。

人との繋がりが何よりの財産

相原　二〇一二年三月八日に仙台で開催された「つながろうCO・OPアクション交流会」に参加したとき、みやぎ生協の方たちがいろいろな体験を話してくれた。みなさんが、ものすごい思いをして、今も被災地に残っているということを知った。被災した皆さんは、これからもあの震災を抱えて生きていく。私たちは、絶対に忘れちゃいけない。屋根の上で一晩、びしょ濡れになって子どもを抱えて耐えましたという方もいた。聞けば聞くほどすごい話ばかりだった。

震災以後、私はいざというときにどうしたらいいのかを考えなくちゃいけないと思って、いろいろな情報を集めた。でもまだ自分の中で、どのように暮らし方を変えればいいかまでは行き着けてない。ただ、自分が住んでいる近所の人とは話をしておきたい。声をかけたいなと思っている。

緒方　ふれあい喫茶に、前から仲良しという二人のおばあさんがいた。その一人のおばあさんは、その仲良しの友達のお嫁さんが、津波が来たときに自分も車に乗せてくれて助けてくれたと話していた。それまでもよくしてもらっていたの。避難所に来ても仲良しと。本当にこの人がいてくれてよかったとしみじみと話されていた。

やっぱり、ご近所がすごく大事。ふだんからよく知っていれば、今日はどこに出掛けているかとか、家にいるとかいないとかは隣だからわかる。そういう近所のつながりが大事だと思った。

うちの自治会には防災組織がまだない。自主防災組織は、市に登録すると、いざというときにそこに連絡が来る。自治会でも何年も前からつくろうという話になっていて、やっとつくることになった。だから準備委員会のメンバーに手を挙げた。自分の近所でつくっていかなくちゃ。近所の小学校の図書ボランティアにも顔を出そうと思っている。身近すぎる身近なところからだけど。

秋山　そのお嫁さんは、このおばあちゃんとうちのおばあちゃんを連れて逃げようと思ったんだよね。そういう個と個のつながりが本当に大切で、隣の人と仲良くなることが一番だよね。

緒方　そう。顔見知りだよね。

秋山　あとは津波で流されると何もかもなくなることがわかって、宝石も服もいらない、生きていくのに最低限必要な基本的なモノがあればいい、という価値観に変わったような気がする。モノには執着しなくていいよね。

相原　人との繋りを持っているかどうかだよね。最後はそこ。つまりそれが財産。いざというときに、気にかけてくれる関係があるということが財産。

「忘れないで」の意味

西山《にしやま》　私、ちばコープでは平和担当だから、ヒロシマ、ナガサキ、オキナワに行っている。震災とこれを一緒にしていいのかどうかわからないけど、言っている言葉が一緒なの。「忘れないで」と。今日あなたが見たこと、聴いたことを必ず周りの人に忘れないで話してほしいと沖縄で言われた。震災後、今度は被災した方たちから、「忘れないで」と言われた。

去年参加した講演会で、「今日の聞き手は明日の語り手」という言葉を知った。私は被災地に行って、見て、聴いてきたから、被災した方たちのことは忘れないでいたいし、そのことを、行ってない人、まだ、被災地を見ていない人には話そうと思った。

秋山　東北の人たちの「忘れないで」は、私たちのことを、終わっていないから放っておかないで、と言われたような気がする。戦争体験者の「忘れないで」は、そこに向かっちゃいけない、戦争を二度と起こしちゃいけない、あなたたちの気持ちひとつで戦争を起こさないですむという戒めの意味の「忘れないで」じゃないかな。東北の人たちとは、少し違うかもしれないと思う。

相原　震災は、被災していない私たちにとっても辛い出来事だった。辛すぎることは、無意識のうちに考えないようにしてしまうということがある。そういう意味でも意識的に「忘れない」と思うことは大切だと思う。

秋山　そう。震災の直後、私は、日本人はこれから笑える日が来るのかなと思うほどすごいショックを受けた。多くの人が津波に流されて命を落とすその映像を見たとき。

相原　私もすごいショックだった。それは命が大事だから。多くの人が命を落としたという意味では、戦争も大震災も同じ。

西山　そうだね。命とくらしが大事だよという意味では、戦争体験者の「忘れないで」と被災者の「忘れないで」は同じ。ナガサキの被爆者の方が、いまの当たり前の生活がどれくらい幸せなことか考えてほしい。それを子どもたちに伝えてほしいとも話していた。

緒方　当たり前って、何もしなくても与えられているという、根拠のない安心感がある。それは、いろいろなものに支えられて、普通の日常生活が送れているということ。それが何かあって崩されると、本当に大変なんだけど、崩れてみないとわからない。ナガサキにしろ、ヒロシマにしろ、オキナワにしろ、被災地にしろ、そのくらしが崩れた現場で、くらしを失った方たちから話を直接聴いて伝えることが大事かなと思う。当たり前って、平凡でつまらなくて、なんの変化もなくて、ありがたくもなんともないと思っている。でもそれがすごく大事なのよね。

秋山　現地に行く。見に行く。ちゃんと聴いて共感する。それを寄り添うというのかな……。多くの人がその体験をする意味は大きい。直接、なんのお役にも立てないという思いもあったけど。被災地に行くのと行かないのとでは違う。

ふれあい喫茶は、「絆《きずな》が命を救いくらしを支える」というメッセージを発信している。この場が継続的に開催され、そこに参加する人たちが増えていくことの意味は大きい。被災した方たちのお話を聴く、そのようにふれあう場を組合員とともにつくり続けることも、きっと生協らしく、生協にこそできること。

3　被災地の経済復興を願って

(1)バイヤーとしてできることがある

どうすればこうなるんだろう

ちばコープからコープネット事業連合に出向している谷口忠光《たにぐちただみつ》さんは、宅配商品部水産グループのバイヤーだ。谷口さんは二〇一一年三月九日から三陸地方に出張していて、気《け》仙沼《せんぬま》、大船渡《おおふなと》、そして、石巻《いしのまき》の取引先を回ることになっていた。三月一一日の午後、谷口さんは石巻の山田水産株式会社《やまだすいさん》（以下、山田水産㈱）の石巻事業所にいた。

「はんぱない揺れですよ。ガタガタって揺れだしたときに、『わー大きい！』って。みんなが叫んだ。いきなり。すごい揺れだった」

「机の下にもぐらなくてはと思ったのに立てない。あまりにも揺れているから。テーブルにしがみついて、やっと立ってもひっくり返りそうになる。ものすごい揺れが二分も三分も続いて。生きた心地はしないです。絶対に天井が落ちてくる。潰れると思いながら、天井を見ました」

写真⑦　津波で破壊された山田水産㈱石巻事業所。

長い揺れがいったん収まると、谷口さんは工場で働いている従業員たちと一緒に駐車場に避難した。従業員たちは口々に、「今まで一番大きい！」、そして「津波が来る、津波が来る」と言っていたそうだ。しかし、建物が破壊されるような津波が来るとは誰も思わなかった。みんなは津波に備えて事業所の二階に上がった。（写真⑦）

山田水産㈱は、本社が大分県。地震直後、石巻一帯は停電となっていた。事業所長の岡《おか》田《だ》賢二《けんじ》さんは、本社に状況報告の電話を入れた。大分の本社ではテレビが見られるので、東北沿岸の広い地域に、大津波警報が出ていることをつかんでいた。「はやく逃げろ」と指示が出た。そこで、慌てて全員が避難したそうだ。

谷口さんは、商談に一緒にきていた帳合《ちょうあい》先の担当者と一緒に、岡田所長の車で逃げた。海から遠ざかるための道はすでに渋滞していて、車が数珠繋《つな》ぎになっていた。最初はその車列に並んだ岡田さんだが、バックミラーに車の後ろ三〇メートルくらいまで津波が迫っているのを見た途端、岡田さんは機転を利かせハンドルを切り、反対車線を走行して高台に逃げた。

坂を上がり始めて一〇〇メートルくらいの地点で車を停めた。窓を開けて、逃げてきた道を振り返ると、さっきまで渋滞していた道は水没していた。

どこにも移動できなかった。彼らは車内で一夜を過ごした。その日は雪が降っていた。そして、あたりは真っ暗だった。街は停電していた。火事の炎と車のライトしか見えなかった。真夜中。雪はやんでいた。「すごい星がきれいだな」と谷口さんは思ったそうだ。大変なことが起きたと思った。大きな不安と恐怖心に包まれていたはずだ。しかし、その夜のことを思い出すと星がきれいだったことが強い印象として残っているという。

夜が明けた。街は水に浸かっていた。何もかもが壊れていた。道は瓦礫《がれき》と車で寸断されていた。翌日、街を抜け出すことはできなかった。

「どうすればこんなことが起こるんだろう。どうすればこうなるんだろう」と茫然《ぼうぜん》としていた。

谷口さんは震災から四日後の三月一五日（火）、自宅に戻ることができた。交通網が途切れてしまうと、千葉は遠かった。しかし、偶然タクシーに乗せてもらうことができたり、仲間たちからのバックアップを得て、時間がかかったが家に帰ることができた。

仕事には翌週の木曜日から復帰。仕事に戻ると膨大な震災対応の業務が待っていた。

バイヤーとしてできることがある

震災後、谷口さんは一度失いかけた人生だからと開き直るわけでもないし、何かが大きく変わったというわけでもなく、ただ「ああいうことが人生には起こるんだ」と、思うようになったそうだ。そして、「自分にできることで何かしたい」と考えるようになったという。

「コープネット事業連合のバイヤーとしてできることがある。被災したメーカーの商品を生協で供給することで、復興の一助になれる」と考えるようになったそうだ。

生産ラインが壊滅した山田水産㈱は、九月に復旧を遂げた。岡田所長は従業員の雇用を守り、石巻《いしのまき》で事業再開をすることにこだわり、本社を説得し、石巻での再開が決まった。従業員たちは一丸となり、瓦礫《がれき》、汚泥の撤去作業を自らやりながら、一日でも早くと復旧作業を急いだ。その努力が実り九月に工場を復旧させることができた。約二〇〇社あった石巻の水産工場の中で、二〇一一年九月までに復旧できたのは五社しかなかった。

山田水産㈱が製造している「レンジでふっくら　さんま蒲焼」という商品がある。これは、組合員から喜ばれている商品だったが、もちろん震災後生産がストップし、供給は中止していた。

この商品は谷口さんが山田水産㈱から新提案された時、名前は「さんまの蒲焼」だったそうだ。水産バイヤーとして谷口さんは、「レンジでつくる焼き魚はあまり売れてない。どうせ売れないよ」と思った。しかし、熱心に勧められたので試食だけでもと思い、口にした。すると「あれ？　レンジでチンしただけで、柔らかくておいしい」と思った。そのとき谷口さんは「名前を〝レンジでふっくら〟にしたら」と提案したそうだ。

こうして二〇〇九年、「レンジでふっくら　さんま蒲焼」は新登場した。その後、この商品は人気商品となった。

「絶対、俺たちが売るから」

二〇一一年九月。ちばコープの熊崎伸《くまざきしん》専務理事は、石巻の山田水産㈱が工場を復旧させ、「レンジでふっくら　さんま蒲焼」が10月4回の宅配に再登場することを知ると、常勤会で「山田水産㈱は、ちばコープの大切な職員（谷口さん）の命の恩人でもある。そして、復興支援にもなる。われわれで再開を盛り上げたい」というメッセージを発信した。

そこで、この10月4回企画の前に、ちばコープでは一〇月の経営会（幹部会議）の中で、谷口さんと山田水産㈱石巻事業所長の岡田さんを招き、商品学習会を行った。商品自体の学習と併せて、岡田さんと谷口さんの震災当日の様子や、そして、岡田さんと山田水産㈱で働く従業員の復旧までの道のりと思いを、ちばコープの幹部たちは直接、彼らから聞くことできた。

「サンプルも用意して、経営会に参加しているみなさんに一口ずつですが試食もしてもらいました。本当に〝ふっくら〟していると好評でした」

谷口さんは言う。その経営会のとき、センター長たちは「絶対、俺たちが売るから」という雰囲気だったと。「ああいうパワーが、生協のパワーですよね」

10月4回の「レンジでふっくら　さんま蒲焼」の供給（販売）数は、コープネットグループ八生協合計で約七万八、五〇〇個。そのうち、ちばコープの供給数は四万三、二〇〇個となった。ちばコープのグループ内シェアは約二一パーセントだが、「レンジでふっくら　さんま蒲焼」は、五五パーセントがちばコープの組合員の利用という結果になった。

ちゃんと伝わった

ちばコープの職員たちは、組合員にこの商品をおすすめするだけでなく、メーカーの皆さんにメッセージを書きませんかとも呼びかけた。その呼びかけに応え、五、二二七枚のメッセージが寄せられた。併せて箱いっぱいの折り鶴も届いた。

組合員が寄せたメッセージと折り鶴は、一二月にちばコープの六エリアの中で、とくにがんばって組合員におすすめをした職員の代表（一区習志野《ならしの》センター・天野美由希《あまのみゆき》さん〔正規職員〕、二区白井《しろい》・印西《いんざい》センター・佐古岡《さこおか》かおりさん〔配達パート職員〕、三区四街道《よつかいどう》センター・水本瑞代《みずもとみずよ》さん〔配達パート職員〕、四区中央センター・押塚輝子《おしづかてるこ》さん〔配達パート職員〕、五区安房《あわ》センター・鈴木ますみさん〔配達パート職員〕、六区柏南《かしわみなみ》センター・木村智彦《きむらともひこ》さん〔正規職員〕）と谷口さんが石巻《いしのまき》の山田水産㈱を訪問し、手渡すことができた。

「メッセージも折り鶴も、すごいみんな喜んでいました。ちゃんと伝わっています」

「被災地の方たちは、『私たちのことを忘れないでほしい』と言いますよね。忘れたら、何もしなくなる。息長く支援をしていきたいと思っています」

その後も、「レンジでふっくら　さんま蒲焼」は売れ続けているという。谷口さんは、「こういう組合員さんに喜んでいただける息の長い商品を、もっと作っていかなきゃいけないですよね」とも話していた。

（2）海の側《そば》で生活する人たちの思い

復興支援を一緒にしましょう

千葉県の房総《ぼうそう》半島の南東に位置する安房《あわ》センターエリアの中でも、漁師町が続く勝浦《かつうら》の海岸沿いの地区の配達を担当している一人が、配達パート職員の鈴木ますみさんだ。鈴木さんは、二〇一一年10月4回に登場した、「レンジでふっくら　さんま蒲焼」のおすすめの取り組みで、ちばコープのセンターの中で達成率がナンバーワンだった安房センターにおいて、その実績を支えた一人だ。

その鈴木ますみさんに、このおすすめの取り組みについて、話を聞いた。

「復興支援は、なんか力が入る」と話しだした。

「自分もそうだったたし、組合員さんもそうだった。東北の人たちのために、自分たちにできること、何かできることをしたいと思っていると思う」

「『ふっくらさんま』にどうして力が入ったのかは、うーん。わかんない。わかんないんですけど。……うーん。なんでだろう」と考え込んだ。

「自分の中に、なんか、『これは！』と思える、何かがあったんでしょうね」と話した。

「復興支援だけは、数字が目標じゃない」と言った。

「しかも不思議なことに、組合員さんもわかってくれました」

「たとえば、今週は、おすすめが『枝豆』なんですが、組合員さんは私がおすすめすると、大抵の人は、うちで作ったのがあるからとか、冷凍庫にあるからとか、決まったお気に入りがあるからと言って、簡単に注文はしてもらえません。でも、『ふっくらさんま』のときは違ったんですよね」

話し始める前に噴き出しながら、「だって、さんまなんて、この辺でおすすめしたら、怒られちゃいますよ、ふつう。でも、『ふっくらさんま』は、それだったらと言って、みんなが買ってくれました」と話す。

鈴木さんの友達が東北にいるそうだ。津波が間近に迫ったことや、親戚の家が津波で流されたことを聞いた。親しい人から、津波被害の体験を聞いていたせいもあるだろう。また、テレビで繰り返し放映され、画面で見てきた被災地の光景も目に焼き付いていた。同じ、海の側《そば》に住む人たちが受けた大きな被害に心が痛んでいた。だから、「なにかできることはないか」と、鈴木さんも組合員も探していた。

この商品をおすすめしよう、という話をセンター長から聞いた。そのとき、鈴木さんには、いわゆる数字だけの成果を挙げなければならない課題、という感じがまったくなかったという。自分の中でこれは違うなと思えたそうだ。つまり、組合員に一生懸命に伝えて、数字にこだわるのではなく、いっぱい注文してもらいたいと鈴木さん自身が思った。

まず、鈴木さんは、毎週発行している、『すずきんち』という担当者ニュースに、「10月4回の『ちいきげんき！』を見てください」と書いた。『ちいきげんき！』は商品カタログのタイトルだ。（写真⑧）

10月4回の注文書回収週には、その担当者ニュースと『ちいきげんき！』を見て、注文してくれた組合員もいれば、まだ注文をしていない組合員もいた。

注文していない組合員には、『ちいきげんき！』を見せながら、鈴木さんは商品のおすすめを、いや、復興支援を一緒にしましょうと訴える。すると組合員は、「だったら注文するわよ！」と荷受けのその場で注文をしてくれた。

また、会えなかった組合員には、夕方、センターから電話かけもした。この商品だけでもぜひ注文してほしい、それは、石巻《いしのまき》の復興支援になるからと伝えた。多くの組合員が賛同してくれた。

二〇一一年一〇月のおすすめから、もうすぐ一年。いまだにずっと「レンジでふっくらさんま蒲焼」を買い続けてくれている組合員が少なくないという。「それって、嬉《うれ》しいですよね」と満面の笑顔になった。

日本を、食卓から元気にしたい。

ちいきげんき!

コープネットは全国の生協とともに、東日本大震災の被災地支援に取り組んでいます。

2011 10月4回 D週

co-op deli コープデリ

配達曜日	月	火	水	木	金	口座引落日
注文日	10/17	18	19	20	21	12/5(月)
配達日	10/24	25	26	27	28	

復興に向けて、ともに。

私たちの使命は、石巻の魚をお届けすること。

山田水産(株)は、「レンジでふっくら さんま蒲焼」を宮城県の石巻事業所で製造していました。
しかし東日本大震災で大きな被害を受け、一時中断。
「石巻の漁業復興に繋がる」と、ただちに復旧に向けた努力を重ねて、9月に商品作りを再開しました。
今回は、同事業所所長の岡田賢二さんにお話を伺いました。

津波による被害で1階の生産ラインは壊滅的な被害を受けた

九州で培った技術で 石巻の水産物を加工する

山田水産(株)は、九州を拠点にうなぎの蒲焼などの水産加工事業を展開する会社です。石巻事業所は、これまで培ってきた加工技術を駆使して、よりさんまの漁場に近い場所で商品を作ろうと、2年前に新設しました。

組合員の皆さんに、お求めやすい価格でおいしい商品をご利用いただくために、海から約100mの場所にある加工場は絶好の環境でした。

早期の復旧を目指して 心をひとつに

津波で生産ラインは壊滅的な被害を受けましたが、本社が早急に再建を決断。とてもうれしかったです。本当に多くの人の手をお借りして、9月の再開へ繋げることができました。※

被災の状況から考えると、早い復旧だと思います。従業員が思いを一つに頑張ってくれたおかげです。私自身は九州の出身ですが、石巻の復興のために、地元の従業員とともに商品作りを続けていきます。

※4～9月のお届け分は鹿児島県水工場で製造していました。

宮城県

山田水産(株) 石巻事業所

復旧し、再スタートした石巻事業所
(2011年9月9日撮影)

山田水産株式会社
常務取締役
石巻事業所 所長
岡田 賢二さん

3月11日午後、卸問屋の担当者渡辺さんとコープネット職員谷口が、石巻事業所で打合せ中に地震に遭遇。岡田所長の運転する車で避難し、背後に迫る津波から間一髪で逃れました。

3人は、「震災で中断していた新商品の企画も含めて、組合員の皆さんに喜んでいただける商品を作りたい」と、これまで以上に気持ちを引き締めています。

株式会社ケイアンドティ 東京製品事業部 課長 生協チーム 渡辺 西蔵さん

コープネット事業連合 宅配商品部 水産グループ バイヤー 谷口 忠光

さんまの中骨、腹骨を除去後、
ふっくら仕上がるよう蒸してから、
タレ付けと焼きを4回繰り返して、
じっくりと味付けしました。

応援します 宮城

社員皆で"守った"さんま 心を込めてふっくら仕上げる

今回の商品は、震災直後の燃料や電力が不足する中、優先して冷凍庫に電気を送り、社員皆で守った原料で作りました。再び作れることがうれしく、やりがいがあります。

うなぎの蒲焼と同様に、「たれ付け」と「焼く」作業を交互に4回繰り返し、柔らかく仕上げたさんまです。内臓は取り除いてあるので、どなたでも食べやすいですよ。ぜひ、ご家族で味わってください。

5 ポイント

310 冷凍 次回予定 11月4回 山田水産 電子レンジ ハピ・デリ!24頁でもご案内しています

電子レンジで簡単に調理できます。(小麦)

レンジでふっくら　さんま蒲焼

210g(3尾)

380円

めくってすぐ地域ページ

新媒体「いきいきくらす」を合冊でご案内しています。

co-op ちばコープ 千葉

写真⑧　コープデリの商品カタログ『ちいきげんき！』。

続けていかなくちゃ！

鈴木さんは、二〇一一年10月4回のおすすめの取り組み後に、石巻の山田水産㈱を訪問した。ちばコープの六つあるエリアから、「レンジでふっくら　さんま蒲焼」のおすすめ実績上位者、各一名が代表として、この商品を購入した組合員から寄せられた「生産者へのメッセージ」を山田水産㈱の皆さんに届けるために。

「石巻のあの現状を見たら！　あの一回じゃダメ。いろんなことを続けていかなくちゃ！」と鈴木さんは思ったそうだ。だからなのだろう。あの取り組み以来約一年が経過しても、あの商品を気に入ってくれている組合員や、商品を購入するなら復興支援になるものをと選んで注文してくれる組合員の存在が嬉《うれ》しい。

鈴木さんも、あれ以来、担当者ニュースで「レンジでふっくら　さんま蒲焼」を何度もおすすめしてきた。

「復興支援」という意味が込められている商品のおすすめ。そんなおすすめこそしたいと、鈴木さん自身がそう願っていたのだろう。そして、鈴木さんには、その思いは、自分だけがそうしたいと思っているのではなく、組合員も同じ思いのはずだと、無意識の中に確信があったのだろう。

「いいよ！　いいよ！　あんたが言うなら。注文するよ」という組合員からの嬉《うれ》しい言葉をいくつももらった。

二〇一一月一一月には、やはり『ちいきげんき！』に三陸産のわかめの扱いが復活した記事が掲載された。わかめも「ふっくらさんま」と同様に、組合員たちは復興支援につながるということで注文をしてくれた。

安房《あわ》の海沿いの地域では、自宅の庭にわかめが干してあるという。しかし、「このわかめとそのわかめは違うでしょ」。これも、組合員の口々から出た言葉だそうだ。

「海に近いところに住んでいる人たちだからかな……」と、鈴木さんはボソッと言った。海の側《そば》で生活をする人たちには、いつか自分たちも同じように津波に襲われるかもしれないという思いが心の奥底にある。だからこそ、鈴木さんの「一緒に支援しましょう」という気持ちと言葉が、より響いたのかもしれない。

(3)仕事を通じて役立ちたい

行けるやつで集まろう！

震災が起きたのは、二〇一一年三月一一日金曜日だった。

ちばコープ・コープデリ君津センター（以下、君津センター）で地域担当をしている野《の》村大樹《むらたいき》さんは、その直後から、外国人の友人やサーファー仲間からｆａｃｅｂｏｏｋを通じて、安否を気遣うメッセージを受信していた。

「僕の知っているサーファーの友達が気《け》仙沼《せんぬま》にいて、孤立していると知りました。だから、友達の友達の縁ということで、みんなで力をちょっとずつ貸そうよと、ｆａｃｅｂｏｏｋとかインターネットで友達や知り合いに伝え合った」

震災翌日、野村さんは、家財を全部流されてしまった友達の、、、友達の友達のサーファーに、自分の古着のジャケットと、スーパーに行って歯ブラシや下着などの日用品を買い、段ボールに詰めて郵送した。

そして、その翌週の週末には、津波で大きな被害を受けた千葉県旭《あさひ》市の飯岡《いいおか》に向かい、瓦礫《がれき》撤去のボランティアにも参加した。

野村さんは、旭市の飯岡にサーフィンをしによく行っていた。知人もいた。旭市がボランティアを募集している情報を見つけた。震災翌週時点で、福島や宮城に行くことは彼にはできなかった。しかし、「飯岡なら行ける」と思い、「行けるやつで集まろう！」と仲間に呼びかけ、日本人一人、外国人三人で飯岡《いいおか》に向かった。

「飯岡は、景色がぜんぜん違っていました。衝撃、ありました」

「街が、メチャメチャになっていた」

「津波で流されてしまって、何もなくなっちゃったところとも少し違う。家がその場で崩れちゃって。知人の家もそうだった。避難していて無事なのかも気になりました」

「飯岡でも、船が商店街に突っ込んでいた。現実離れしているというか……」

そして、瓦礫《がれき》を運び出す作業を割り当てられたその場所で作業を進めていると、野村さんは、ちばコープの宅配、コープデリのシッパー（商品を入れて運ぶ箱）を見つけた。

「オワッ！と思いました。家はメチャメチャ。住めない感じでした」

仕事を通して復興支援を！

「レンジでふっくら　さんま蒲焼」のおすすめは、担当者ごとの成績順位が人事考課の対象となる通常の「供給コンテスト」ではなかった。

「考課対象にならなくて順位がつけられなければ、他にもアポ取り[*2]があって、共済加入の課題もあって。正直、あまり力入らないじゃないですか。でも、これはいつも通りというか、同じくらいの気持ちというか、それ以上に自分は第一の課題としてやろうと思った」

そうだ。

10月4回の商品カタログ『ちいきげんき！』の表紙には、石巻《いしのまき》の山田《やまだ》水産㈱の被災直後の写真やその状況からいち早く復旧することが被災地の復興につながるという決意で生産を再開させた事業所長の岡田《おかだ》さんの思いが掲載されていた。その表紙を読んだ野村さんは、『ちいきげんき！』の表紙を組合員に見せながら、熱心に「レンジでふっくら さんま蒲焼」のおすすめをした。結果、彼が配達を担当している一七六人の組合員のうち、五八・五パーセントの一〇三人が注文したそうだ。

「僕がさんまの蒲焼を一つでも多く売ったら、あっちに発注して、当然その分、工場が忙しくなるじゃないですか。忙しくなったら、儲《もう》けが増える。受注が供給に追いつかないくらいになれば、もしかしたら、雇用も増える。半日しか働けなかった人が一日働けるようになる。そういうイメージが、ふくらみませんか？」

彼には、震災直後に感じたもどかしさがあったという。

「レスキュー隊の人とか、自衛隊の人とかが命がけで被災者を救助している姿が報道されていました。僕も自分にできることで被災地を支援したいと思ったところで、そういうことができるのは、自衛隊とかレスキューなど限られた職種の人ですよね」

その一方で、震災翌週からの宅配の現場の配達場面は、震災の影響により滞った商品の入荷や、ちばコープも加盟するコープネット事業連合の印西《いんざい》冷凍集品センターの被災により、冷凍商品の入荷がなくなった影響もあり、組合員に商品をお届けしきれない状態に陥った。担当者たちは、組合員に謝るばかりの状態になり、野村《のむら》さんは、組合員にも役立てていないというもどかしさが募ったそうだ。

そういうもどかしが、個人のボランティア活動につながった。しかし、ボランティアではなく、自分の仕事を通じて直接被災地の復興に役立つ何かもしたいと思っていた。野村さんにとっての「仕事を通じた何か」が、10月4回の『ちいきげんき！』にあった。野村さんは商品のおすすめ活動が得意だ。二〇一一年度、ちばコープ正規職員の中で、年間成績二位の実績を残している。

「特殊な仕事でなくても、仕事を通して、自分の持っている得意分野を活かして貢献できると思った。この取り組みはすごくいいなと思った」

「具体的に見える気がした。㈱に発注されて、発注された数だけ、喜んでもらえる。復旧したての工場の人たちの手が回らなくなるくらい発注してやろう！」

具体的に、被災地の復興に繋《つな》がるおすすめを自らやると決め、組合員に復興支援になることを訴え、組合員からも賛同と共感を得、結果、「レンジでふっくら　さんま蒲焼」をたくさん購入してもらうことができた。

不可欠な存在になりたい

野村さんは、自分の持ち味は「商品のおすすめ」だという。生協でしか扱ってない商品のおすすめを通じて組合員のお気に入りにしてもらうことが目標だそうだ。

組合員にとって特定の商品が、その人の不可欠アイテムになれば、生協自体がその人になくてはならない存在になると考えている。お気に入り商品ができれば、生協をずっと利用し続けてもらえる。おすすめは、生協がその人にとって、不可欠な存在になるきっかけだと、野村さんは考えている。

そして、商品のおすすめは、組合員のこと、家族とか、人となりをよく知ったうえでなければできない、とも考えている。組合員のことをよく知り、その人のために「何かする」。そういう仕事は、他にはないし、そこが生協の仕事の魅力、と話していた。

実際に、つながっている人に対して、直接的に何か働きかける。そのような関わりのスタイルが野村さん世代にはしっくりくるらしい。

距離も、国境もポンと越え、友人知人たちと繋《つな》がり、コミュニケーションをしている彼ら世代のスタイルなのかもしれない。

（4）もう一度我々の原点に

現場の反応

ちばコープ宅配事業部長の尼崎英之《あまさきひでゆき》さんに、「レンジでふっくら　さんま蒲焼」のおすすめの取り組みがもたらしたものなどについて聞いた。

尼崎さんにとって意外だったことは、組合員から寄せられたメッセージの数の多さだった。合計五、二二七枚。組合員からの応援メッセージがこんなに届くとは思っていなかった。

また、「こういう取り組みはやっていて嬉《うれ》しいです」「こういう取り組みができる生協を誇りに思います」という言葉が、職員の日報に書かれていた。

「今週サンマをお届けしてるんですが、頼んでくれた人には、一言、〝ありがとうございました〟と言いました。意外と、というのは変なのかもしれませんが。〝待ってたのよー〟とか、〝勧めてくれてありがとう〟と言ってくれて、意外でした。だんだん組合員さんたちと不自然じゃなく、ぎこちなくでもなく、距離が近くなってきたのかなと感じました」

これは、「ふっくらさんま」を配達した時の組合員とのやりとりが書かれた日報。

「ふふふ」と笑いながら、尼崎さんは「このゆるさがね、イマ風なのかな。この取り組みで自分が想定していたのとは違う反応が組合員から返ってきて、驚いている」

「勧めてくれてありがとう」という組合員の反応が「意外」な担当者。まだ、組合員とのほどよい距離感を持てていないのだろう。担当者はこのおすすめで、組合員との距離が縮まったと感じている。尼崎さんは、この一つの取り組みを通じて、担当者が成長している様子が伺えることが嬉《うれ》しそうだ。

センター長の思いが担当者の思いになった

ちばコープの宅配企画として、二〇一一年10月4回に震災後に初めて登場した「ふっくらさんま」。ちばコープの受注点数は四万三、二〇〇個。この大きな実績を得ることに繋《つな》がった要因について、まず企画される直前の経営会（ちばコープの幹部会議）に、宅配商品部バイヤーの谷口《たにぐち》さんと山田水産㈱石巻事業所長の岡田《おかだ》さんを招き、震災当時や以後の状況と、「ふっくらさんま」の商品の特徴について、直接話を聞くことができたことが大きかった、と尼崎さんは振り返った。センター長たちは彼らの話を聞き、被災地支援となるこの商品を全宅配センターで組合員にしっかり伝え、利用していただく取り組みを行うことを決意した。

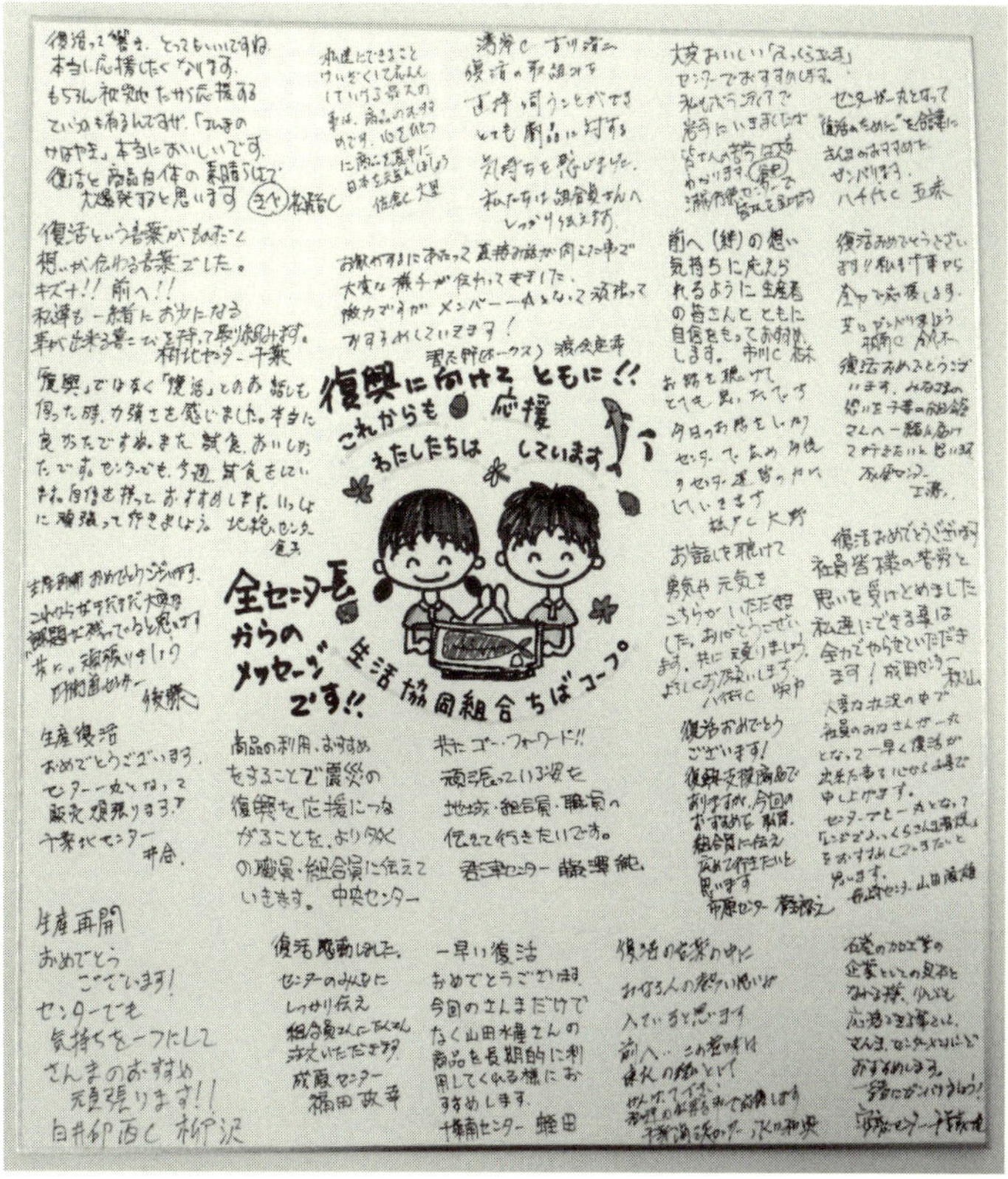

写真⑨　山田水産㈱に向けてつづられた色紙。

一人ひとりのセンター長たちの思いは、「復興にむけてともに！」と書かれた色紙（写真⑨）に書き記され、山田水産㈱に送られた。そこにはセンター長全員が全力で取り組みますという宣言が書かれていた。全力で取り組むという言葉の意味は、組合員に伝えきるために、すべきことを具体的な課題として組み立てることでもある。

直接、谷口《たにぐち》バイヤーや岡田《おかだ》事業所長の話を聞いていない担当者たちにセンター長の思いが伝わり、その思いが担当者自身の思いになり、その担当者の気持ちが組合員に伝わっていくプロセスを経るというストーリーにならなければならない。

そこで、ちばコープは、全センターで全担当者が「担当者ニュース」を作成し、そのニュースコンテストを行うことにした。コンテストはセンター単位で行い、投票には、「担当者ニュース」を作成しない営業担当や積み込み担当も参加した。

配達担当者一人ひとりが自分の言葉でつづった「復興支援」につながる「レンジでふっくら　さんま蒲焼」のおすすめが、「担当者ニュース」に掲載された。一緒に復興支援に協力しましょうという組合員へのメッセージは、センター長の思いではなく担当者自身の心からの言葉になっていった。

尼崎《あまさき》さんは、「センター長が取り組みの意味を理解して担当者に伝えられると、担当者もそのことを理解し、自信を持っておすすめすることができるということがわかった」と語った。被災地支援だから大きな結果になったのではなく、現場の中に共感を広げることができたから、組合員にも支持されたのだということに気付いたとも話していた。

「この他にも、社会的に価値のある取り組みはやっている。でも、こうはなっていない。それは、現場に意味や価値を、われわれが伝えきれていないということでもあるかな」と、苦笑いをしながらつぶやいた。

「事柄が力を持っていれば、組合員との関係も、おすすめをすればするほど近づいていく。そういうことなんだな」と、これは自分に言い聞かせるように。

商品を「おすすめする」意味

昔は、おせちも羽毛布団もそうだった。組合員が開発に参加した商品のおすすめも。今回の取り組みと「同じ気持ち」で担当者たちは組合員におすすめをしていたと、尼崎さんは話し始めた。「同じ気持ち」とは、自信を持っておすすめをすることができ、おすすめをすることで組合員にも喜ばれるという確信があったということなのだろう。尼崎さんは、そのような「おすすめ」が最近は少なくなったとも感じている。「ふっくらさんま」の取り組みがもたらした意味の一つは、今後もこれを超える取り組みを一年に一回でもいいから作りたいと思えたことでもある。以前のように、一つの取り組みに、多くの時間を費やすことはできない。工夫が必要だ。しかし、作っていきたいと尼崎さんは話した。

そして、「おすすめくらいは楽しくやりたいじゃないですか」とも言った。仕事なのだから、全ての課題が楽しい課題であるわけがない。拡大、アポ取り[*2]、共済推進。苦手な課題もあるだろう。しかし、苦手であってもやらなくてはならない。それが課題だ。だからこそ、尼崎さんは、「おすすめくらいのびのびやれたらいい」と思っている。しかし、現実はそうはなっていない。「おすすめ」すら、数字に追われている実態があるという。

今後は、今回の「おすすめの取り組み」を参考にして、すべてのおすすめがこうなれるように、もう一度、「おすすめの取り組み」の意味を考え、捉え直し、作っていきたいと尼崎さんは話した。

「数、数って言っているつもりはないんだけど……」とぼやきながら。

そして、「『すすめてくれてありがとう』という組合員のこの言葉。これが「おすすめ」の答えだよね」と語った。

「なぜ？　なんのためにそれをするのか？」

「すすめてくれてありがとう」が「おすすめの取り組みの答え」ということに改めて気づいたことで、尼崎さんは「すべての取り組みは組合員のくらしに役立つものになっているか」という視点を持たなければいけないと話す。

一世帯あたりの平均家族数は、二人を切る時代になっている。人がいくつになっても、自宅で、地域で、安心して暮らしていくためには、人と人との繋《つな》がりが「支え」になり、不可欠なものとなる。そういう現代にあって生協の事業や取り組みも、その「繋がり」をいかにつくることができるのかが問われる、と尼崎さんは話していた。

「コープデリの宅配も、生協の夕食宅配も、自分たちらしくできることを意識して作っていかなければならない」と。そのような意識に立ち戻るきっかけになったのが、今回の『ふっくらさんま』のおすすめ」の取り組みでもある、と尼崎さんは考えている。

「組合員にとって役立たなければ意味がないくらいの価値を置き、生協だからできることを追求したい。それができれば、他の競合とは違うポジショニングが見えてくるのではないだろうか」と。そして、それを追求するために不可欠な姿勢が、「なぜ？　なんのためにそれをするのか？」を常に外すことなく見つめ、深く考えることだ、とも話していた。そして、それは、われわれの原点でもあると。

生協なら、事業や活動を通して「繋がりをつくる」ことができるし、組合員にもそれが求められている、と尼崎さんは考えている。また、地域サポーターやコープ会に参加している組合員たちも、エリアの中で、「気にかけあい、つながりをつくる」ことを目的にし

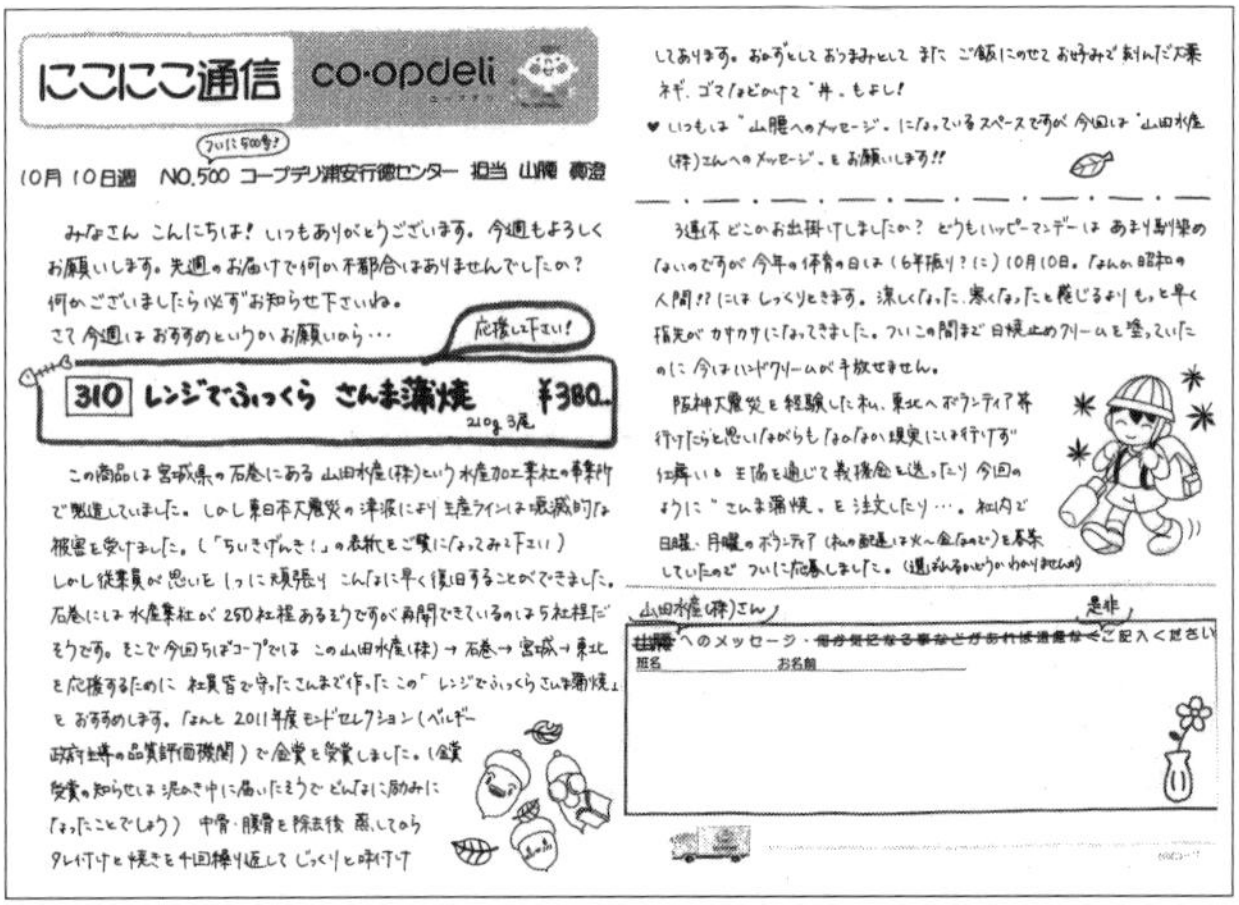
にこにこ通信 co・opdeli

10月10日週　NO.500（ついに500号!）コープデリ浦安行徳センター　担当　山腰　真澄

みなさん こんにちは! いつもありがとうございます。今週もよろしくお願いします。先週のお届けで何か不都合はありませんでしたか? 何かございましたら必ずお知らせ下さいね。
さて今週はおすすめというかお願いから…

（応援して下さい!）

310　レンジでふっくら　さんま蒲焼　¥380.-　210g 3尾

この商品は宮城県の石巻にある山田水産(株)という水産加工業社の事業所で製造していました。しかし東日本大震災の津波により生産ラインは壊滅的な被害を受けました。(「ちいきげんき!」の表紙をご覧になってみて下さい)
しかし従業員が思いを1つに頑張り こんなに早く復旧することができました。石巻には水産業社が250社程あるそうですが再開できているのは5社程だそうです。そこで今回ちばコープでは この山田水産(株)→石巻→宮城→東北を応援するために 社員皆で守ったさんまで作ったこの「レンジでふっくらさんま蒲焼」をおすすめします。「なんと 2011年度モンドセレクション(ベルギー政府主導の品質評価機関)で金賞を受賞しました。(金賞受賞の知らせは泥かき中に届いたそうで どんなに励みになったことでしょう) 中骨・腹骨を除去後 蒸してから タレ付けと焼きを十回繰り返して じっくりと味付けしてあります。おかずとしておつまみとして また ご飯にのせてお好みで刻んだ大葉 ネギ、ゴマなどかけて"丼"もよし!
♥ いつもは"山腰へのメッセージ"になっているスペースですが今回は"山田水産(株)さんへのメッセージ"をお願いします!!

3連休どこかお出掛けしましたか? どうもハッピーマンデーはあまり馴染みのないのですが今年の体育の日は(6年振り?に)10月10日。なんか昭和の人間!?にはしっくりときます。涼しくなった、寒くなったと感じるよりもっと早く指先がカサカサになってきました。ついこの間まで日焼止めクリームを塗っていたのに今はハンドクリームが手放せません。
阪神大震災を経験した私、東北へボランティアに行けたらと思いながらもなかなか現実には行けず 仕舞い。生協を通じて義援金を送ったり 今回のように"さんま蒲焼"を注文したり…。社内で日曜・月曜のボランティア(私の配達は火〜金なので)を募集していたので ついに応募しました。(選ばれるかどうかわかりませんが)

~~山腰~~（山田水産(株)さん）へのメッセージ・~~何か気になる事などがあれば遠慮なく~~（是非）ご記入ください
班名　お名前

写真⑩　『にこにこ通信』

て活動している。それが、あらためて素晴らしいことだと思えるそうだ。「生協って、やっぱりいいよな」と尼崎さんは言った。

尼崎さんが、「レンジでふっくら　さんま蒲焼」のおすすめをした時に書かれた一枚の担当者ニュースを見せてくれた。（写真⑩）

『にこにこ通信一〇月一〇日週　No.500
担当　山腰真澄』

この「ふっくらさんま」のおすすめ週のニュースが、ちょうど発行から五〇〇号になる、浦安行徳《うらやすぎょうとく》センターの配達パート職員、山腰《やまこし》真澄《すみ》さんのニュースだ。

山腰さんは、この『にこにこ通信』で、おすすめ商品のことはもちろん、自分のくらしの中の出来事や、それらのことから今、感じていることなどを発信し続けてきた。また、このニュースには「山腰へのメッセージ」欄が設けられていて、組合員は山腰さんにこの欄を通じて声を届けてきた。『にこにこ通信』で彼女は、自分の担当している組合員とたくさんの気持ちをやり取りしてきた。

その五〇〇号には、もちろん、「ふっくらさんま」のことが書かれている。配達時に会えない組合員にも、山腰さんが語りかけている。そして、いつもの「山腰へのメッセージ」欄に横線が引かれ、今回は、『山田水産㈱さんへのメッセージを是非ご記入ください』となっている。

「山腰さんのニュースにとって、このメッセージコーナーが肝《きも》なのだと思う。自分のことだけを伝えたいということではないのがよく伝わる。それが今回は山田水産㈱さんへのメッセージに変えている。重みがあるよね」と、尼崎さんが話してくれた。

「レンジでふっくら　さんま蒲焼」のおすすめの取り組みは、その大きな供給実績とともに、担当者や職員たちに、計り知れない大きな気づきをもたらしたようだ。私たちの事業や活動の今後のありようと、そして、願いをかなえていくために必要な、何かとは何であるのかを改めて考え、捉え直すきっかけにもなったようだ。

4. 地域の中で気持ちと気持ちを繋ぐ
《福島からの避難者に冬服を》

「何かお困りのことはないですか?」

東京電力の福島第一原子力発電所の事故により避難命令が出された地域内にある、南相馬市や大熊町《おおくままち》の障がい者施設の入所者と施設職員の約二八〇名が、房総半島南部に位置する千葉県鴨川市《かもがわし》にある、県の施設「鴨川青年自然の家」で、震災後の四月から翌年の二月頃まで避難生活を送っていた。この避難の期間中に、ちばコープ・コープデリ安房《あわ》センター(以下、安房センター)が取り組んだ支援について、センター長の千葉義恒《ちばよしひさ》さんに話を聞いた。

千葉さんは、福島の障がい者施設の方たちが鴨川に来ていることは、地域の配達担当者たちから聞いていた。安房センターとして何かしたいと思っていた。

二〇一一年六月、ちばコープ地域政策・渉外担当部長の近藤直幸《こんどうなおゆき》さんから、ちばコープとして鴨川青年の家に避難している避難者に、ちばコープからの支援物資を持っていくという連絡が入ったので、「私も一緒に行きます」と千葉さんは申し出た。

聞くと、避難生活では、オムツやトイレットペーパー、ナプキンなどの衛生用品を大量に消費するという。そこで衛生用品を支援物資として提供することにした。そのことがきっかけとなり、千葉さんは、障がい者多機能型施設「おおくま共生園」施設長の秋元平和さんと情報交換をするようになった。

いろいろ話をする中で、千葉さんは、「このほかにも、何かお困りのことはないですか？」と秋元さんに聞いた。すると、「原発のすぐそばの施設から、着の身着のままで避難してきたので、実は、冬を十分に越せるだけの冬服を持ってきていない」という話を聞き、この冬、寒くて困ることになるかもしれないと不安に思っていることを知った。千葉さんは、地域の組合員も福島からの避難者に対して、何かできることはないかと思っているので、組合員に施設の皆さんへの冬服の寄付をよびかけようと考えた。

欲しいものを贈りたい

千葉《ちば》さんは、組合員に冬服を提供してくださいと伝えるだけではダメだと考えた。

「冬服をご提供くださいと伝えたら、箪笥《たんす》の肥やしみたいなものがいっぱい出てくる。それも困る。なんでもかんでも集めて、使えないものを捨てるというのも失礼だし……」

そこで、彼は秋元さんに聞きに行った。冬服といっても、どんな冬服が欲しいのかを。〝欲しいもの〟と、逆に〝困るもの〟をはっきり聞き取り、それを組合員に呼びかけたいと考えた。

すると、もらって困るものは、ニット、和装もの、古すぎるもの、と率直に教えてもらった。必要なのは、トレーナー、Gパン、ジャケットだった。

施設管理者としては、入所者は、保護者からお預かりしているお子さんだ。そのお子さんをお預かりしていながら、保護者たちにみすぼらしいものを着せている姿は見せたくないという思いもあることがわかった。

千葉さんは、「その気持ちもとってもわかったので、キレイなものがいいんだなと理解しました」と話していた。

そして、量が集まり過ぎても困る。そこで、一人あたりどれくらい、どんな冬服が欲しいのかを明記し、集める量も決めて、組合員に案内することにした。

千葉さんは、チラシだけ撒《ま》いても伝わらないと思った。そこで、リーダー、担当者たちに、青年の家に避難しているみなさんが欲しいものを贈ろう。ただ集めて贈るのではなく、先方がもらって困るものは、結局捨てることになり、それは提供した組合員に対しても、失礼になる。だから、組合員にきちんと、どのようなものが望まれているかを伝えてほしいと訴えた。

センター機能が重要だ

担当者たちは、そのチラシを持って、直接、組合員たちに協力を呼びかけ、翌週の配達時に回収をした。なかには、配達を待てずに、センターまで持参する組合員も少なくなかった。センター長や職員は、そんな組合員たちの姿や言葉から、組合員も「何かしたい」「これなら自分にもできる」という支援を求めていたことを改めて知ることになった。

「最終的にお渡しした冬服の量は、二トン車の荷台の七割くらいが埋まるほどでした。センターで、性別、サイズ別、種類別に、私らと積み込みのパートさんたちで仕分けして、段ボールに入れました」

「ブランドものとか、キレイなもの、こっちが欲しくなるようなもの、わざわざクリーニングにも出してくれていた。そういう服がちゃんと集まってきました。正直、これは渡せないなというものもありました。でもそれでも、それを出してくれている組合員の気持ちを考えたら『ありがとう』と言って受け取るのも大事なんだということも思いました」と、当時のことを思い出しながら、千葉さんは語った。

この取り組みを通じて、千葉さんは、困っている人たちの真のニーズを聞き、支援をする側の人たちに、そのニーズを具体的に伝える。その真ん中でコントロールするセンター機能が重要だということを実感した。

「仕分けする、というか、繋《つな》ぐ仕事。困っている人たちの本当のニーズはなにかを聞かないと、善意が悪意にはならないけれど、ずれちゃうということがわかりましたね」と。

最初から、安房《あわ》センターが、避難者と支援したい組合員の間でコントロールする役割を担う、ということをイメージして始めたわけではなかった。

最初は、渡せないものが集まったら困る、たくさん集まり過ぎても困ると考えたが、やり方を相談する相手はいなかった。そこで、避難者の管理者たちに率直に聞くことにした。

この取り組みの準備を進めていく中で、そういう機能の仕方がカギだと千葉《ちば》さんはつかみ取っていった。

「受け取る人のニーズに合っていないとただの迷惑。真ん中で、求めている人たちのニーズと提供する側のコントロールをするセンター機能が大事だと思いました」と。

地域の一員としてできる何か

宅配センターの業務は、決して余裕があるわけではない。組合員拡大、商品供給活動、共済加入件数拡大、そして、日々の注文書回収と配達。どの課題も力を抜けるものはなく、日々の配達の品質を維持する努力も求められる。そういう日常の中にあって、冬服を寄付する取り組みを実施しようと思った背景にあるものついて、千葉《ちば》さんに聞いた。

「夏に、衛生用品をちばコープの支援物資としてお渡ししました。それは、あくまでちばコープとして。でも、それだけじゃなんか足りないようなモヤモヤした気持ちがずっとあった」という。

「福島から避難してきている人たちが、ここ鴨川《かもがわ》で生活されていることを、組合員も、配達担当者たちも知っている。そのほか、鴨川の市民が、彼らに対していろいろな支援をしていることも知っている。実際によく話をさせてもらった施設管理者の秋元《あきもと》さんは、鴨川の市民の皆さんに本当によくしていただいたと話していた。県とか、市とか、行政とかがではなくて、『市民の皆さんに』というフレーズがとっても印象に残った。ちばコープの安房《あわ》センターとして、何かできないかという気持ちがあった。皆さんに一番最初に会ったときから、それをどうしていいかわからず、モヤモヤしていた」

ちばコープとして贈る支援物資を、運ぶだけではない。鴨川市民の一員として、安房センターができる何かを実践したかった。

個人にできることも多くある。しかし、彼は、安房センターのセンター長という立場だからこそ、その立場で、みんなを巻き込み、みんなと一緒にできる何かがあると予感していた。

あの原発事故により、他県に避難を余儀なくされた人たち。冬を目の前にして、寒くて困るのではないかと不安になっていた。それをなんとか支援したいと思った。

「実際に洋服が集まってきた。届けるのは、冬服なんだけど、それと一緒にね、この地域の人たちが、みなさんを心配していますよ、気にしていますよという、そういう気持ちをお届けしたかったのだなということにも、気づけた」と千葉さんは話した。「あったかい気持ちもお届けしたかった」と。

そして、自分たちに「できること」とは、こういうことなのだということもわかったという。国がやること、行政がやるべきこと、それはそれ。自分たちにできることは、そこに生きている、暮らしている人同士で支えあう、その真ん中で気持ちと気持ちを繋ぐ。そんな役割が果たせるのかもしれないと感じたそうだ。

組合員の声から事業をつくりたい

この取り組みを通じて、震災以後の変化について、千葉《ちば》さんに聞いた。すると彼は、「地域で生活している人たちが、どんなくらしをしていて、どんな気持ちでいるのか、地域の人たちの関心事をつかむのが大事。地域の関心事、くらしぶりを知ることの大事さが、今回の取り組みで深まった」と語った。

そして、「この地域は高齢化がものすごい。今一番の組合員の関心事も自分たちがもっと年をとったときのくらしに対する不安だ」と言った。担当者たちも、地域の高齢化がどんどん進んでいる状況を日常会話の中でしている。組合員の口からも不安の声が聞こえてくるという。

商品を売るのも大事。課題の達成も大事。それは当たり前。それと同じくらいに、地域の人たちのくらしの関心事を知り、そして、気持ちや思いの中に、これから自分たちがすべきことを発見して、事業を作っていきたいと改めて考えるようになったという。

昔、ちばコープの先輩たちが語っていた、「組合員さんの声から事業をつくる」という言葉。千葉さんは自身もその実践をしたいと強く思うようになったと話していた。

5 心は通じる
《被災地に届けたメッセージ》

千葉が震源地だと思った

二〇一一年三月一一日は、四月度からの新しい体制変更となる節目の日でもあった。

当日付で、ちばコープ・おたがいさま高津《たかつ》デイサービスセンター（以下、高津デイサービスセンター）長から、おたがいさま津田沼《つだぬま》デイサービスセンター（以下、津田沼デイサービスセンター）長に異動の辞令が出た鈴木《すずき》岳人《たけと》さんは、たまたま引き継ぎもあり、一一日の午後は、津田沼デイサービスセンターにいた。震災当日は、津田沼デイサービスセンターの菊池《きくち》勝幸《かつゆき》センター長やスタッフのサポートをした。

「揺れた揺れた」

「やべえなーって。みんな怖がってましたよ。年齢も高いし、不安になっちゃう人がいる」

「『大丈夫ですよ〜』って。心の中では、やべえなって思いながら、表情では、余裕があるふりをしてましたよ」

「あの揺れは、絶対、千葉が震源地だと思った」

「三人くらいおぶったよ。それから、車イスごと何人か下ろした」

「帰りは、マンションの七階に住んでいる利用者がいて。二人で背中を押して、途中三回休みながら階段を上がった。休んでると余震も来て、やべえなと」

鈴木さんは、多少言葉は乱暴だが、気持ちは優しいまっすぐな人だ。ちばコープの人たちはみんな知っている。ちばコープの福祉事業をつくり上げてきた一人でもある。

地震の翌日の土曜日、彼は、独居の高津デイサービスセンターの利用者の家をバイクで訪問した。一人ぐらしのお年寄りたちが心配だった。家具が倒れていないか、食事に困っていないか、そして、怖がっていないか、と。どの利用者宅にも電話をしたが、通じなかった。五、六軒の利用者宅を訪ねると、皆、鈴木さんの顔を見て、安心した表情を見せてくれたそうだ。

「よく来てくれたと。表情を見れて、自分もよかったっすよ」

心は通じる

鈴木さんは、ちばコープでデイサービスを始めた当初から、デイサービスに携わってきた。デイサービスは彼の性《しょう》に合っているそうだ。

うまく説明はできないが「とにかく面白いの」と、言い切る。

鈴木さんが、前任の菊池センター長から、津田沼デイサービスセンター長を引き継いだのは四月になってからだった。三月の混乱状態は収まり、落ち着いてきていた。

ある日、利用者の一人、安藤《あんどう》さんが、

「親分（鈴木さんのことを安藤さんはそう呼ぶそうだ）、向こうにも生協があんだろ。向こうのデイに、心のメッセージを届けよう」と言いだしたそうだ。

向こうとは東北の被災地のこと。東北の生協が運営しているデイサービスがあるなら、

写真⑪　津田沼デイサービスセンターの皆さんが作ったメッセージ「こーぷのお家いしのまきのみなさんへ」

自分たちが応援していることを伝えようと、申し出てくれたそうだ。

その話を聞いたとき、鈴木さんは、

「心だけでも届けようってったって、被災者が一番喜ぶのはお金だよと思ったよ」

それでも、安藤さんの提案に、他の利用者も、スタッフたちも、それはいい、そうしようとみんなが賛同し、みんなでひと月以上の時間をかけて、ハトと花束の絵を描き、色を塗り、それらを大きな紙に貼りつけた一枚の作品を仕上げた。（写真⑪）

届ける先は、みやぎ生協のコープ福祉会が運営している「こーぷのお家　いしのまき」に決まった。

その作品には、「早くもとの平穏な日々が戻ることを願って心の花束をお贈りします」

というメッセージが書き添えられた。

安藤さんから提案を受けたときに、「そんなもん、被災者は本当に喜ぶのか」と疑う気持ちを抱いたと、正直に告白する鈴木さん。

しかし、津田沼デイサービスセンターのお年寄りたちが作品を作り上げていく作業を見るにつけ、自分の心の小ささを猛反省したという。

「自分に嫌気がさしたね。そう思った自分が許せないほどにね」と、目を大きく見開いて語った。

二〇一一年六月一七日。津田沼デイサービスセンターのみんなの気持ちを込めた作品を携えて、鈴木さんは、みやぎ生協の「こーぷのお家　いしのまき」を訪ねた。

「作った作品をさ、持っていったら、向こうのみんながさ、涙流して喜んでさ」

そのときも、最初に疑いの気持ちを持った自分が、「情けなくて情けなくて。そんなことを思った自分が情けねえな」と思い知ったそうだ。

「心は通じるんだな」と鈴木さんはつぶやいた。

住人同士のつながり再構築

今、津田沼デイサービスセンターでは、毎月一回、近隣にある大型団地のグリーンハイツの住人を対象とした「お茶の間会」を開催している。呼びかけは、ちばコープの組合員理事・石川恵美子《いしかわえみこ》さんだ。

震災以後、隣近所の住人同士のつながりを再構築することの重要さが見直された。津田沼デイサービスセンターに隣接しているグリーンハイツは、高齢化が進んでいる団地だ。近所の住人同士が顔見知りになり、声をかけあう関係ができるきっかけをちばコープが提供できないかと考えて、このお茶の間会をスタートさせたそうだ。

何十年も同じ団地に住んでいたのに、このお茶の間会まで本当に一度も顔を合わせることがなかった人たちがいるという。自宅に通じる階段が違うと、わからないそうだ。毎回、二〇人前後の住人が参加している。

「勇気を出して来てみた」と話す男性もいたという。

今、この取り組みはグリーンハイツの自治会も注目し始め、自治会長からは、「生協さんにやってもらうのはおかしいですよね」と声をかけられるようになったそうだ。

人は、いくつになっても自宅で生活をしたいはずだ。そのためには、地域の中で近くの人たちがお互いに助け合い、支え合うことが必要だと、鈴木さんも考えてきた。しかし、頭ではそう思っていても、デイサービスの施設長として、近隣地区のために行動することはできていなかった。

けれど、東日本大震災を通じて、人が近くにいる人のことを「気にかける」ことの重要さを実感した。人は気にかけあう関係があれば、元気になれることも知った。

これまで、目の前の団地に住む人たちと、気にかける関係を築けなかった。お茶の間会の取り組みは意味があると信じ、今、開催に尽力している。

「四月から始まった。最初は震災の時どうしていた？という自己紹介から始めた。一人ひとりの体験を話してもらった。三回目のときは、このグリーンハイツに住み続けるためにはどうしたいですかという話をしてもらった」

ただの食事会ではない。生協で培ってきた、気持ちが話せる〝場づくり〟をここでも実践しているようだ。

「ほとんどの人たちがグリーンハイツを終《つい》の棲家《すみか》と考えている。今は元気でここに来られるけれど、来られなくなるときも来るだろう。その時のために、今できることがあればしたい、皆そのような気持ちを持っている」と、鈴木さんは話していた。

「今日もさ、管理組合の印をもらって、今度のお茶の間会のチラシをグリーンハイツの掲示板に貼ってきたんだよ」と、自慢げに話していた。

6 野辺の送りに花を添えて

《陸前高田の被災者火葬式》

市民参加で送りたい

東日本大震災で大きな被害が発生した岩手県陸前高田《りくぜんたかた》市。津波による死亡者は一、七三五人にのぼった。犠牲になった市民の身元不明の遺体を市内で火葬にすることができない状態になり、岩手県から千葉県に、約三〇〇人の犠牲者のご遺体の火葬受け入れ要請があった。

その受け入れ準備を執り仕切ったのが、水島重光《みずしましげみつ》さんだ。水島さんは、震災当時、ちばコープ防災アドバイザーであり、千葉県生活協同組合連合会災害対策アドバイザーでもあり、日本生協連中央地連大規模災害対策協議会世話人も務めていた。

水島さんはもともと、コープこうべで働いていた。阪神・淡路大震災当時は、コープデイズ西宮《にしのみや》の副店長だった。その後、ちばコープに移籍し、店舗事業や危機管理の仕事に従事。そして、防災・減災のアドバイザーとなり、平時は講演や学習会の講師をつとめ、また、災害発生時には被災地の現場で調整役として貢献してきた。

東日本大震災では、発災当日に日本生協連からの要請があり、翌日には被災地の生協支援を行うための先遣隊の一員として、みやぎ生協に入った。情報収集や被災生協への業務支援、または被災地域支援の活動ができるようにするための各種手続きや、調整作業などのサポートをした。

日本生協連の先遣隊の役割を終えて千葉県に戻ると、次には千葉県からの要請で、県民から寄せられた支援物資を被災地に届ける取り組みのアドバイザーを務めた。そして、三月下旬、千葉県職員から持ち込まれた相談が津波犠牲者の火葬式の相談だった。

水島さんは、県の担当者から、ただ身元不明のご遺体を茶毘《だび》に付し、お骨にして返すのではなく、市民が参加して送ることはできないだろうかという相談を受けた。

「房総の花」が届いた

阪神・淡路大震災のとき、やはり犠牲者が多く、遺体を安置する場所にも困った神戸市灘《なだ》区が、コープこうべに協力を要請した。コープこうべは、生活文化センターという自前の施設で、遺体を安置することを受け入れた。その遺体の搬送やお世話を、全国から支援にかけつけた生協職員が担った。

そのとき、コープこうべに「房総《ぼうそう》の花」が届いた。阪神・淡路大震災は冬の一月に起こった。一月は房総半島南端の地域では花の季節だ。

神戸で大地震が発生したと聞き、ちばコープはコープこうべに支援物資を送ろうとしていた。全国から多くの物資がすでに届いていた。そこで、ちばコープの現地で支援の窓口になった石渡《いしわたり》 秀嗣《ひでつぐ》さん（コモテック・こうべ研修生〔当時〕）を通じて、コープこうべにどのような支援物資が不足しているのか直接聞いたという。するとコープこうべからは、「被災者の心が和むもの」が欲しいと要請された。

そのことを聞いた、当時の五区エリア（南房総地域）の組合員たちは、「房総の花」を送りたいと考えた。花のあるくらしを愛してきた地域から、春の訪れを伝える花たちをコープこうべのお店に飾ってもらおうと考え、組合員たちは房総の花を提供した。また、組合員のなかには、花の生産者もいて、自分で育てた花を提供してくれた。

その「房総の花」は、コープこうべのお店に飾られた。こうべの職員や組合員から、「花をありがとう」という手紙が届いた。そして、その中の一部の花が、生活文化センターに安置された犠牲者に供えられた。

房総半島の南部は、戦争末期に花づくりを禁止された時代がある。戦況が厳しいものとなり、日々の食料に困るようになると、花ではなく、いもや麦を作るよう命令された。戦争中の日本に「花」は不要なもの。花の種や球根は接収され、燃やされたという。花を育てていた人たちは、いつか必ず花が求められるときがくると信じて、花の種苗を隠したそうだ。それがあったので、房総は戦後すぐに花の栽培を再開できたという。この実話は「花物語」という映画にもなっている。房総の人たちにとって、「花」は平和の象徴でもあり、人のくらしに欠かせないものなのだ。

ボランティアたちによる「火葬式」

水島《みずしま》さんには、阪神・淡路大震災のときに届いた「房総《ぼうそう》の花」の記憶が鮮明に残っていた。あのとき、犠牲者に花を供えることができたことに対する恩返しをできるならいつかしなければと思っていた。

この陸前高田《りくぜんたかた》の犠牲者の火葬を受け入れる手伝いをすることがその恩返しにもなると、ご遺体受け入れの相談を受けたときに思ったという。

水島さんは、ボランティアたちの手による、犠牲者を送る火葬式を行うことにした。火葬式は、千葉市斎場と一部を佐倉《さくら》市斎場で、ふだんは葬儀が行われない友引《ともびき》の日に執り行われた。

車から降ろされたお棺に、一つずつ花束を添えた。よびかけに応えたボランティアの皆さんが参列し、合掌した。その間、僧侶たちによるお経も唱えられた。水島さんが全日本仏教会に協力を要請すると、僧侶十数人がボランティアでの参加を引き受けてくれた。

僧侶も参加しての火葬式。行政主催ではできない行事であり、先例のないことだったので簡単には決まらなかった。しかし、水島さんはじめボランティアたちの気持ちが通じ、結局、火葬式はボランティアが主体となって行うということになり、四回行われた。四回ともお棺に花が供えられた。

花は、一回目はちばコープが、二回目、三回目は、他の二団体が、そして、最後の火葬式に届いた花は、南房総の花だった。

「神戸に花を送ってくれた人たちに直接お礼を言っていない。感謝しています」と水島さんは静かに語っていた。

備えて強い地域に

水島《みずしま》さんは二〇一二年の六月まで、ちばコープの防災アドバイザーとして、組合員が集まる場で防災・減災学習会を行ってきた。水島さんは、生活者により近い街角でコツコツと、「備え」を促していきたいと考えているそうだ。

水島さんは学習会で組合員に語りかける。防災、つまり災害を防ぐことはできないから、「備えよう」と。食料を備えるとか、いざというときの食べる段取りを意識するとか、箪《たん》筍《す》が倒れないようにするなど、そういう「くらしの中の備え」を怠らないとようにと伝えてきた。防災学習会で行うワークショップでは、「減災マップシミュレーション」を使い、まずは、地域には誰が住んでいて街がなりたっているのですか、という問いかけから始めるそうだ。

生活者がふだんから「備え」、そして、地域の人たちを気にかけながら生活することで、「強い地域」になると水島さんは訴えている。

地域が助け合える地域になればと願い、コツコツと「備え」を呼びかけている。

陸前高田《りくぜんたかた》の犠牲者たちは、自分が千葉の人たちに見まもられて野辺送りをしてもらうなど、誰一人として思いもしなかっただろう。

千葉県が行政として「火葬」を受け入れたとき、そこに、犠牲者たちが人として生きた証《あかし》を重ね合わせ、無念の思いが少しでも鎮まるようにと願った人たちがいて、ぬくもりのある野辺送りが行われた。犠牲者たちの魂に寄り添おうとした人たちによる「火葬式」が実現した。

一年半が経過した時点で、このうち二八〇人の犠牲者が親族に巡り合えたとのことだ（普《ふ》門寺《もんじ》〔陸前高田〕の住職、熊谷光洋《くまがいこうよう》師談）。

＊1 「アジアシンフォニー号」――パナマ船籍の、全長一〇〇メートルの大型貨物船（Asia Symphony 四、七二四トン）。三月一一日の大津波発生当時、釜石港の埠頭《ふとう》で積み荷を降ろしていた。船にはフィリピン人乗組員一七名が乗船していたが、全員無事に救助された。同年一〇月二〇日、国内最大級のクレーン船で海に戻された。七か月後の撤去だった。

＊2 「アポ取り」――新規組合員の加入をよびかける一つの方法で、配達担当者が配達移動中に、街なかで見かけた方に「こんにちは」と声かけを行い、生協に興味のある方に加入の説明をさせていただく日時の約束をする、新規組合員拡大のための取り組み。説明は営業担当者が後日行う。

第4章

くらしの復興を願って

《北総地域》

第4章では、北総《ほくそう》地域で被災した人たちのくらしの復興を願い、応援する取り組みを紹介します。一つは、CO・OP共済の訪問活動の取り組みについて。もう一つは、旭市《あさひ》飯岡地区の仮設住宅で開催されている「スマイルカフェ」についてです。これら、被災地域での取り組みに関わった人たちが、この活動を通じて抱いた「地域」への〝思い〟や、その地域の中でこれから自分たちが果たしていきたいと考えている〝役割〟について記していきます。

１　ＣＯ・ＯＰ共済のお見舞い訪問

共済加入者同士の支え合い――異常災害見舞金

災害が起きると被災地ですぐに始まる活動の一つが、ＣＯ・ＯＰ共済に加入している組合員へのお見舞い訪問だ。

ＣＯ・ＯＰ共済《たすけあい》《あいぷらす》などに加入している組合員の住宅が全焼壊・半焼壊・流失した場合には一世帯当たり五万円、一部焼壊の場合には一万円の見舞金を支払う制度がある。その見舞金を生活再建に役立ててもらうために、いちはやく組合員宅を生協職員が訪問し、その場で申請を受け付ける手続きを行う。

東日本大震災により、全国で支払われた異常災害見舞金は、二〇一二年一二月二〇日現在、七万一、八五四件、約一九億五、六六六万円になった。うち、ちばコープでは、一、八九一件、三、八四七万円が支払われた。

直接お伺いして、お顔を拝見して

ちばコープ・コープデリ北総センター（以下、北総センター）でパート配達職員のチームリーダーをしている桜井優子《さくらいゆうこ》さんは、ちばコープで働き始めて一三年になるパート職員。桜井チームの担当している地区は、佐原《さわら》・銚子《ちょうし》地区。三月一一日の地震により、多くの組合員宅に家屋被害が発生した。

佐原市は、千葉県の小江戸《こえど》と呼ばれ、古い建物が並ぶ町並みが残り、住民たちは今もその歴史的な建造物を住まいとして暮らしている。

桜井さんにとって、佐原は幼い頃から知っている街。その街が地震で崩れてしまった。

「なんて言えばいいんでしょうね」と言ったきり、続く言葉は見つからない。

桜井さんは、CO・OP共済による共済事業を専門に行う日本コープ共済生活協同組合連合会（以下、コープ共済連）の職員と一緒に、四月二五日、その佐原地区のCO・OP共済（以下、共済）に加入している組合員のお見舞い訪問を行った。

訪ねると、「危険」と書かれた赤い紙が貼られた家々が多くあった。大きな余震が発生したら崩れ落ちそうなほどに、不安定に歪《ゆが》んでいる。また、「危険」という紙が貼られているのに、中に高齢の組合員が住んでいる家もあった。桜井さんは、大丈夫なのかしらと心配になった。

桜井さんにとって、異常災害見舞金の訪問活動は初めてのこと。組合員がどのような気持ちでいるのかと思うと、かける言葉も、どのような顔をしたらいいのかもわからなかった。

震災からようやくひと月が経《た》とうとしていたが、街なかは、車で進めないところも多く、道路脇の電信柱は斜めに倒れ掛かっていた。桜井さんには、もしも今、大きな余震が来たらという不安な気持ちもあった。しかし、その気持ちを抑えて組合員宅に向かった。訪問したのは四〇～五〇軒。多くが半壊以上の被害。五万円の見舞金の支払い対象だった。

桜井さんは、被害状況を知れば知るほど五万円の見舞金が本当に役に立つのかと疑問に思ったそうだ。それほど、家の中も外も、斜めになっていたり、歪んでいたりというひどい状態だった。

なかには、共済に入っていることを忘れている組合員もいた。また、加入していることはわかっていても、見舞金が出ることを知っている組合員はほとんどいない。

共済に、異常災害時に支払われる見舞金制度があることを説明すると、ほとんどの組合員は喜んだそうだ。

「ありがたい、本当にありがたい、ありがたい」と。

地区の復旧はまだまだの状態だ。そのような中を生協職員が訪ねていくと、「こんなななか、わざわざ歩いて来てくれたの」と感謝された。

「生協です」と伝えると、涙を流す組合員もいた。

「直接お伺いして、お顔を拝見して、ケガがなくてよかったですねとか、そういうことを話すだけでも、組合員さんにしてみたら、生協さんが、わざわざ歩いて来てくれたという思いがあったのかな。ああだった、こうだったと、いろいろなお話を聞きながら手続きをさせていただきました」

CO・OP共済を知らせ切っていただろうか

「ずっと前に、代配をしたことがありまして。この組合員さんのお宅の次は、確か、ここだったよな。そうそう、この組合員さんとそっちの組合員さんは、班だったよな、と思い出したんですけど。コープ共済連の職員は、素通りしてしまうんですよね」

地図を見るとその記憶にある組合員は、共済に入っていなかった。その共済に未加入の組合員宅も、あきらかに被害を受けている。さきほど請求申請を受け付けた組合員の家と、同じような崩れ方をしていた。

共済加入者には見舞金が支払われて、未加入者には支払われない。その違いが、同じ班の中の組合員同士で起きていた。ふだんは、生協の配達を同じように利用している班の仲間の中で。

「素通りするときの罪悪感。あのときの感覚が、今でも強く残っています」と桜井さんは話した。

　桜井さんは、訪問の中で感じた「罪悪感」を、そのままにはできなかった。センターに帰ると、職員たちに伝えた。

　お見舞い訪問をすると、地震により同じような家屋被害を受けているのに、共済に入っている組合員には見舞金が支払われ、入っていない組合員には支払われない事実があったと。見舞金を受け取れる組合員は、皆、いち早く訪問してくれたことを、そしてあてにしていなかった見舞金が出ることを喜び、「生協に入っていてよかった」「ありがとうございます」と言ってくれた。

　しかし、同じように被害を受けていても、共済に入っていない組合員の家は、〝素通り〟することしかできなかった。桜井さんは仲間たちに語りかけた。

「共済に入っていなかった組合員は、共済のことを知っていただろうか」と。

　職員から説明がきちんとされていて知ったうえで、入らないという選択をしていれば、それは仕方がない。しかし、自分たちの担当している地区は狭い街だ。まして、配達を班で受けている組合員同士の間で、「知っていれば入ったのに」という会話がされるようなことがまったくなかったのか。そう考えると、悔しかった。

「私たちは、組合員に共済のことを知らせ切っていただろうか」と。

あくまでも共済は、自分や家族のもしもの時のために入るもの。「異常災害見舞金」が目的で入るものではない。しかし、共済には、その「異常災害見舞金」の制度があるということを伝えられていただろうか、と。

二〇一一年秋になると、コープ共済連からDVD「東日本大震災の活動記録〜みつけた大切なもの」が配布された。そのDVDを北総《ほくそう》センターは、職員全員で観ることにした。そして、観たあとに、自分がどういう思いで今後、共済を組合員にすすめるのかを書き残したそうだ。そして、その言葉を担当者ニュースで、「組合員に宣言」することにした。

「組合員さんに宣言したら、それは、約束になる。破っちゃいけない」

桜井さんは、訪問活動で心に刻んだ「何かのときにお役に立てるのが共済。入っていただかないとお役には立てない」という悔しい実感を忘れずに、これからも職場の仲間たちと共済を伝える活動に力を入れていきたいと考えている。

「どうされましたか?」と聞くこと

「私は、北総センターの中でも、センター長、副センター長の次に、共済をやらなければいけないという、高い志を持っているつもりです」と、はっきり語る桜井さん。

共済は、病気やケガ、そして災害時など、組合員がツラい思い、悲しい思いをしている時に役立てるものと思っているという。

桜井さんは、自分たちが、共済をおすすめして加入してもらうということは、たとえば、組合員が病気になったら、「申請はここに電話すればいいんですよ」という案内をすることではなく、「どうされましたか?」と話を聞くことなのだと考えている。

組合員が子どものために《たすけあい》[*1]の「ジュニア18コース」に加入する。すると、配達に行くたびに、その子どものことが気になる。ときに絆創膏《ばんそうこう》などしていたら、「どうしましたか」と聞かずにはいられない。桜井さんは、「共済は加入したときから、組合員のくらしをより気にすることが始まる」、そういう商品だと考えている。

だから、担当者には、共済のことを理解し、組合員におすすめができ、組合員のくらしを気にする関係を作れるようになってほしいと願っている。

ときには、組合員が加入したくても加入できないケースもある。そのようなときは、担当者と一緒に、共済をもっと強い共済に育てていこうと、励ましあいながら誓うそうだ。これまでもそのように共済を推進してきた。

桜井さんにとって、共済は、「組合員さんのくらしを気にするきっかけ」であり、「気にかけることがスタート。組合員さんが無保障だなんて聞いたら、心配で、心配で」たまらないそうだ。

組合員のくらしを気にする、気にかける

十年以上も前に配達していた頃の組合員に、街で会うことがあるそうだ。配達していた時に書いていた「担当者ニュース」のことを覚えていて、「娘さんはいくつになった?」「もう中学かい?」というような会話になるという。そのような時、彼女はとても嬉《うれ》しくなるそうだ。地域の中に自分のことを気にかけてくれている人の存在を感じるから。

桜井さんは、地域の中で気にかけあう関係を作ることが大事だと思ってきた。そして、自分自身もさらに北総センターの職員たちも、震災後、「組合員への気にかけ方」が、さらに深まったと感じている。

「この仕事をしていると、なんででしょうね。組合員が気になるんですよ」

桜井さんが今、一番、不安に感じているのは、地域の組合員の高齢化だ。組合員は高齢者が多くなったと感じている。配達に行くと組合員が家の中で、倒れていたというケースも増えてきたそうだ。

「私たちの配達と行政と病院やヘルパーさんなどとの連絡体制がつくれたらいいですね」と話していた。

人は、地域の中で、そして自宅で、安心して最後まで暮らしていけるのがいい。それを実現するにはくらしを支えるサポート体制の構築が必要だ。生協の配達担当者たちは、組

合員のくらしを「気にする」、「気にかける」、「気づく」、「気遣う」という姿勢を育んできた。私たちは、きっと高齢化した地域の中で、くらしをサポートするネットワークの一員として貢献できる役割を担えると桜井さんは考えている。震災以後、とくにそう思うようになったそうだ。

2. 分かち合い、支え合って結ぶ「絆《きずな》」

仮設住宅でスマイルカフェ

津波による大きな被害が発生した旭《あさひ》市は、家を失った住民のために市内二か所に仮設住宅を設けた。

この旭市を活動地域とするちばコープ三区エリアの組合員理事とサポーター[*2]たちは二〇一一年一二月、『ＣＣＢ（ＣＨＩＢＡ・ＣＯＯＰ・ＢＥＡＵＴＹＳ）』というグループを結成した。グループのミッションは飯岡《いいおか》仮設住宅の集会室で〝カフェ〟を開くこと。これは、みやぎ生協が東日本大震災以後、宮城県内の各地の仮設住宅の集会室で、住民たちに交流とくつろぎの場「ふれあい喫茶」[*3]をボランティアたちで提供する活動をしていて、そのような活動を自分たちも飯岡でやりたいと思ったのが始まりだった。

二〇一一年一二月一四日、三区エリア主催の「スマイルカフェ」が開催された。最初は組合員たちも、仮設住宅の住民たちも、緊張した様子だったようだ。ＣＣＢのメンバーたちは、もう来てもらえないのではないかと落ち込んだそうだ。

しかしその後、このスマイルカフェは継続的に開催されてきた。また、そこに参加する支援者たちの参加の輪も広がっている。

スマイルカフェは、仮設住宅の集会室で、お菓子を囲んでお茶をしたり、ときには、組合員が講師になって、仮設住宅の住民と一緒に、「絵手紙」や「うちわ」、「押し花」、「アクリルたわし」を作ったり。または生協の産直産地の生産者たちと職員ボランティアによる「炊き出し」もあったり。その他、ボランティアグループのイベントや「まけないぞう講習会」[*4]という内容で行われてきた。その都度、場づくりを担う人たちが入れ替わり、次から次へと、毎回違う雰囲気の会が開かれている。

組合員と職員と生産者、そして地域のボランティアグループや学生やガールスカウトなど、多くの人たちの力で紡がれてきた取り組みとなっている。

二〇一一年一二月から二〇一二年一二月までの間に、計三二回、このような交流が持たれてきた。この「笑顔のカフェ」に関わる人たちの話を聞いた。

「まさか…」


いろいろなことが、「まさか……」だった。

飯岡《いいおか》仮設住宅の管理人の一人、末吉智子《すえよしともこ》さんは、ちばコープの組合員でもある。津波により生活は一変。飯岡仮設住宅の住民としてここで暮らし、その上、管理人として仮設で住民たちの生活を見守ってきた。

末吉さんは、震災の二か月半前に、香取《かとり》市から旭《あさひ》市に引っ越してきたばかりだった。家族は夫と三人の息子、そして四匹の猫。

実家は、岐阜県。以前から海の見える家に住むことが夢だった。香取市から旭市に引っ越してきて、念願の海の見える家でのくらしが始まった、その矢先の震災だった。

その日は、いつもどおり朝から仕事に出ていた。末吉さんの仕事は、生花を市場に出荷する前に加工をする仕事だった。

「地震があって、警報が出たんだけど。まさかこんなことになると思わなかったから。忙しかったし、仕事を続けていた。子どもは学校で避難しているから大丈夫だろう」と。

仕事場は停電していて情報が入らない。電話をしてみるが誰にも繋《つな》がらなかった。

「五時前、それまで何度かけても繋《つな》がらなかったらしいんだけど、だんなから電話がかってきて、『家に波が入ってきてる』って。それを聞いて『あーーーー?・?・?』って」

仕事をしている場合ではなかった。子どものいる学校に向かった。学校に着いた途端、大きい波が学校のすぐそばに押し寄せてきた。動けない。動かない方がよいことがわかった。子どもたちは、父親と猫のことが心配で、パニック状態。末吉さんは、「猫が、猫が！」と泣く子どもたちをなだめるしかなかった。

「うちのだんな、とにかく猫だけ袋に入れて、車に積んで逃げてきた。その瞬間に、波がワッて来たって。本当、ぎりぎりで助かった」と、今でも、そのときのことを思い出すと、深い安堵《あんど》の思いがよみがえるようだ。

その夜、末吉さんたち家族は、末吉さんの職場の休憩室を借りて一夜を過ごした。

そして翌朝、自宅に戻った。そこには、変わり果てた自宅と、昨日の朝とはまったく違う、変貌した街の光景があった。

「うちは、二階は残っていたけど。でも、取り壊し」と、少し笑いながらつぶやく。あの出来事から一年半が過ぎて、今は、少し笑えるようになったという。最初の半年は、落ち込んだ。当時は、「まさか……」「どうして……」という思いで茫然《ぼうぜん》となったという。

仮設での生活、そして管理人に

旭《あさひ》市は、市内二か所に仮設住宅を設置した。飯岡《いいおか》地区に一五〇戸、旭地区に五〇戸。

五月、仮設住宅でのくらしが始まった。最初は狭く、窮屈と感じた。しかし、今では、家族それぞれが自分のスペースを持ち、慣れたという。

花の仕事は失った。大きな被害に見舞われた被災地にあって、「花」は、今、必要なものではなくなった。「ぜいたく品じゃないですか」と、彼女は言った。

仕事を探した。しかし仕事はすぐには見つからなかった。ある日、仮設住宅の管理人の仕事があると紹介され、始めることにした。

みんな楽しみにしている

震災から一年以上が過ぎた。仮設住宅の集会所での交流企画は、その回数が減ってきたそうだ。「今は、だいぶ減って、定期的にやってくれるのは、コープさんと、マッサージ。あと大学生が頻繁に来てくれるかな。なかでも、一番はコープさん！」という。「みんな、楽しみにしている。作ったり、食べたり、飲んだり。ちょっとした時間なんだけど。コープさんは集合率が高いですよ」

仮設で生活する単身者やとくに高齢者は、こもりがちの生活になってしまうという。交流時間は二時間とか三時間くらいの短い時間だが、「集まって、ワイワイやるのは、楽しい」と末吉さんは話していた。一方で、「出てこない人たちが心配」とも話していた。

集会室での交流に参加しませんかと、気になる住民に声をかけてきた。しかし、お年寄りにとっては、仮設の中の移動が遠いという人もいるし、このような会への参加には遠慮がちな人も少なくないそうだ。

二〇一二年四月と六月に仮設に「にぎわい」をと、株式会社コープミート千葉（以下、コープミート千葉。後述）がやってきた。

「すごいよ！」と末吉さんの声が一段と高くなった。「あのね。住民の方も力が入る。すごーく盛り上がるから。なんかね。こんなにー！っていうくらい熱気がある」

「全部、地元のモノを持ってきてくれて、しかも炊き出しで豚汁はある。お弁当はある。皆さん、喜んで、大好評！」と、その日の盛り上がりと住民の歓迎ぶりを話していた。

分かち合いから生まれる「絆」

このようなイベントがあると、家から外に出るきっかけになるそうだ。なかには、スマイルカフェの参加が皆勤賞の方もいるという。

「人と人が話すのは楽しい」と末吉さんは言った。以前はそう感じたことはなかったそうだ。近所に誰が住んでいるのかも知らない。朝早くに仕事のために家を出て、夕方遅くに帰宅する。そんな生活では、隣近所の人と親しくする余裕はなかったそうだ。

しかし、仮設住宅での生活は、これまでとはまったく違う生活になったという。隣近所の人たちと話すようになった。みんな同じ境遇だ。気にし合うことが必要だからそうなったのだろう。

「うーん……、なんていうんだろう。こんなことになっちゃって、本当に悲しいんだけど。でも、やっぱり、自分だけじゃない。周りの人と一緒にがんばっていくってことなのかなということがわかったかな……」

また、仮設住宅の管理人として、ここで初めて知り合った人たちが、この集会室での交流会に参加して、仲良しグループになり、一緒に出掛けたり、お茶したり、楽しそうにしているのを見ると、よかったと思うそうだ。

それは、震災で家とそれ以前の生活を奪われるという、共通の体験をした人同士だからこそわかる悲しさ、辛《つら》さを持っていて、その同じ悲しさ、辛さを分かち合うことで、一緒に乗り越えていける、そんな関係になれるということなのかもしれない。

当事者たちの「悲しさ」「辛さ」の分かち合いから生まれる「絆」。そういう関係性もあるのだろう。

また、津波が襲った地域では、被害に遭っても、家を取り壊すまではなかった多くの住民たちは、そのまま元の地域で生活をしている。けれど、住民同士のつながりの意識は、以前とまったく違うそうだ。「今は、隣近所が団結している」と、末吉さんは話していた。震災から一年半が過ぎたので、仮設を出ていく人たちもいる。しかし、なかには、仮設の人たちに会いたいと、仮設に顔を出しにくる人もいるそうだ。

そして、末吉さんは、家族についてもこう話した。

「地震が来る前は、子どもは子どもだし。だんなはだんなだし。私は私だし、という生活だった。それが、震災以後、自宅を取り壊し、仮設住宅で生活を始めると、家族は、団結したかもしれない。会話が増えたよ」と。

「あんなことがあったけどさ、あの時の苦しさを思えば、乗り越えていけるんじゃない？」と思えるそうだ。家族で支え合える、その実感があるから言える言葉なのだろう。

今まで当たり前の生活をしてきた。ひねれば水が出る。スイッチをつければ電気がつく。その「当たり前」を奪われたとき、どれほど大変なことになるのか、そのことを思い知ったそうだ。直後に抱く苦しさの正体の中には、「当たり前」が「当たり前でなくなる」ことを受け入れる辛さもあるようだ。

「なんだろうね……。なんだろうね……」と言葉を探しながら、「前と同じ生活が、ありがたいというか……」と、ポツンとつぶやいた。

仮設住宅で生活することになるなど、誰一人想像もしなかったはずだ。しかし、短い時間でも、そこで一緒に過ごした人たちとの時間や日々の中に、また、いろいろな人に励まされることで、「分かち合い」、「支え合い」結んだ「絆」があるのだろう。その絆があるから、次へと歩みを進める力を得ることができるのかもしれない。

3　仮設住宅のにぎわいづくりに地域経済の復興を重ねて

震災直後から始まった自分たち流の支援活動

ちばコープが、飯岡《いいおか》の仮設住宅で住民交流を始めたと聞きつけた、コープミート千葉の代表取締役社長・沓澤豊《くつざわゆたか》さんは、「俺たちも一緒に、飯岡のにぎわいづくりに参加させてほしい」と申し出た。

コープミート千葉は、房総半島の東、太平洋沿岸の九十九里浜《くじゅうくりはま》に面した匝瑳《そうさ》市にある。東日本大震災で津波に襲われ大きな被害が発生した、旭《あさひ》市の南隣だ。

三月一一日。突然の揺れが工場を襲った。と同時に一帯は停電。従業員は、すぐに駐車場に避難した。社長の沓澤さんは、当日、外出していて会社にはいなかった。

地震のあと、会社のある匝瑳市沿岸に、六メートルの津波警報が発令された。沓澤さんは心配でたまらなかった。なんとか繋《つな》がった電話で様子を確かめた。従業員たちは、車に搭載されていた、テレビやラジオで情報を収集していた。

津波警報と同時に、避難勧告も出されていた。従業員の中には自宅に戻れないものもいた。工場や冷凍庫の機械に被害が出た。荷物が倒壊して使えなくなった原料もあった。また、停電により製造途中となった製品は廃棄せざるを得なかった。

海側に自宅がある従業員たちは、その日の夜、みな避難所で過ごすことになった。

匝瑳《そうさ》市（旧・野《の》栄町《さかまち》時代から）と、コープミート千葉は、災害時支援協定を結んでいた。沓澤《くつざわ》さんは、その協定があるということで、自ら、会社の仲間たちを率いて、震災の翌日の土曜日に、豚汁を作って避難者にふるまう「炊き出し」を行った。当初は二か所で行う予定だったが、匝瑳市から市内七か所すべての避難所で「炊き出し」をやってほしいと頼まれ、実施した。

市と災害時協定を結ぶきっかけは、ちばコープだった。

「二〇〇四年頃、当時ちばコープの防災担当の水島重光《みずしましげみ》さんが中心になって、内部や地域で『防災・減災学習会』を開催していた。うちでも水島さんの講演を職場一同で聴いた。そして、『今日から、貯え、備えをするかしないか。決めるのはあなただ』と、最後にバシッと言われた」と、当時を思い出して笑う沓澤さん。それがきっかけとなり、当時の野《の》栄町《さかまち》と災害時協定を締結したそうだ。


「大変なことが起きた」と沓澤さんは思った。

「飯岡《いいおか》が一番ひどくて……」と。

「何百回も通って見慣れている景色が、まったく変わっちゃった」

慣れ親しんできた飯岡の光景は悲惨だった。そこに住んでいる従業員もいた。

「従業員たちは、みんな、なんとかしなくてはと思っていた」と、沓澤さん。

会社の幹部たちと協議をした。とにかく、自分たちの足場である地元と隣町の飯岡をなんとかしなくてはいけない。しかし、自分たちに何ができるのだろうと考えた。

地域が復興していくには、長期戦になることも予測できた。無理をせず、できることで、長くできる支援。そのことを考えたという。

まずは、商工会と協力して、八日《ようか》市場《いちば》の空き店舗で、物資をかき集めて販売をする「災害支援市」を開く取り組みを始めた。チラシは、商工会が作って配布した。沓澤《くつざわ》さんたちは、自分たちが持つネットワークを通じて、物資を調達した。

「震災直後に、スーパーから、牛乳とか卵がなくなった。あれは、スーパーにはなかったけど、われわれのネットワークではあった。給食が作れなくてお休みになって、牛乳が余り、行き場がなかった。また卵もあった。そして、野菜は畑にあった」

直後の「モノ不足」で買い物に困っている人たちに、この「災害支援市」はとても喜ばれたそうだ。

コープミート千葉は旭《あさひ》市とは災害時協定を結んでいなかったが、「豚汁の炊き出し」を、飯岡地区でも行うことにした。

飯岡の避難所で「炊き出し」をやってみると、そこに避難している人たちと自然と話ができた。すると、直後のガソリン不足やモノ不足の影響で、やはり、買い物に困っていることがわかった。そこで、八日市場の商店街で開催していた「復興支援市」の物資を飯岡にも持って行った。春休みになっていた。避難している子どもたちに、牛乳が喜ばれた。

産直ネットワークで東北支援

震災からひと月ほど経つと、自分たちの地元も大変だが、東北の大変さも気になりだした。コープミート千葉は、生協との取引を通じて、千葉県北東部を拠点に事業を展開している農事組合員法人和郷園《わごうえん》（以下、和郷園）とも繋《つな》がっていた。その和郷園は、震災直後から被災地で炊き出し支援を行っていた。ちばコープも炊き出しに使う食材を和郷園に提供していた。

和郷園の関係者から、東北の避難所で炊き出しをやっていると、みんな肉も食べたがっているという話を聞いた。一緒に行かないかと誘われ、参加することにした。

二〇一一年は震災が発生したので、毎年、三月下旬に開催されるちばコープの「きやっせ&物産展」（ちばコープの年に一度のイベント。幕張《まくはり》メッセ〔千葉市美浜《みはま》区〕で行われる大物産展）が中止となった。そのきやっせの会場で、コープミート千葉が試食販売をする予定だったのが「もつ煮込うどん」だ。横芝光町《よこしばひかりまち》のＢ級グルメ的な存在「おばこ屋のもつ煮」。これは、締めにうどんを食べると美味《おい》しいそうで、もつ煮にうどんを入れて販売する予定だった。しかし、震災で、きやっせは中止となった。

旭《あさひ》市の地元の村田《むらた》製麺が、震災後操業を再開したと聞き、応援したいと考えた。そこで、そのうどんを買って作る、「もつ煮込うどん」を東北での炊き出しでふるまうことに。

震災後の四月、コープミート千葉は、石巻《いしのまき》に出向き、斎藤《さいとう》病院で炊き出しを行った。このとき、ふるまったのが、「もつ煮込うどん」だった。まだ現地は寒かった。この「もつ煮込うどん」は、体が温まって美味しいと看護師さんたちにすごく喜ばれたそうだ。

その後も、和郷園やコープミート千葉、その他の産直産地が協力して東北に出向き、炊き出しを続けた。

そして飯岡で再び

二〇一一年一二月、飯岡《いいおか》の仮設住宅で、ちばコープが仮設の住民たちと交流を始めたと聞いた。沓澤《くつざわ》さんたちは、一緒に参加したいと申し出た。もちろん、自分たちにできるのは「炊き出し」による〝にぎわい〟づくり。

震災から半年以上が過ぎた。旭《あさひ》市の被災地域は瓦礫《がれき》の撤去は進んだが、被災した商店などは、再建はしたものの商売がうまくいかないという話が地元から聞こえてきていた。沓澤さんたちは地元経済の復興の小さな一助になればと、東北に支援に行くときには必ず、飯岡《いいおか》で買い物をして物資を持っていくようにしていた。

そこで、ちばコープと一緒に行う飯岡の仮設住宅での「炊き出し」にも、地元の人たちが喜ぶ地元のモノを買って持って行き、食べてもらおうと考えた。地元の人たちに喜んでもらえる〝にぎわい〟にしたかった。

地元に「まんべい」というたい焼き屋があるそうだ。その店のたい焼きを二〇〇個買って届けた。また、梅花《ばいか》精肉店のから揚げも。そして、村田製麺の焼きそばやうどんも。地元の人たちなら、誰もが知っている地元の店の慣れ親しんだ懐かしい味を、仮設の人たちに届けたかった。そして、商売をやっている人たちに、買うことで協力したかった。沓澤さんたちの「炊き出し」は、そのような思いも込められた「炊き出し」になった。

飯岡《いいおか》仮設住宅の管理人の末吉《すえよし》さんが話していた。

「コープミート千葉さんが来るときが、一番盛り上がる。みんな楽しみにしている」と。

沓澤さんは言う。「ごはん炊いて出すだけじゃね……。せっかくやるんだったら、喜んでもらいたいから」と。

復興支援の活動をいろいろ行うことで、「従業員のモチベーションがすごくあがっている」、「地元でも話題になっていると従業員たちが嬉《うれ》しそうに話している」と、沓澤さんは話す。無理はしない。自分たちの身の丈にあった、できる範囲の規模で継続的に支援をしていきたいと考えている。

「復興とは、地域経済の復興が柱でもある。物資を無料で配布することで、地域経済復興の邪魔となってはいけない。そのことをいつも考えている」と話していた。

地元の元気がわれわれの元気

沓澤さんが意外なことを言いだした。「どうせやるなら喜ばれたい」という考え方の原点は、ちばコープの地域総代会だという。ちばコープの地域総代会に、産直産地の生産者として参加するたびに、組合員と交流をしてきた。楽しい場だったそうだ。また、その参加者に、おみやげとして商品を提供すると、組合員にとても喜んでもらえた。その場の楽しかったこと、おみやげを喜んでくれる組合員の嬉《うれ》しそうな笑顔が忘れられないという。その体験から、「どうせやるなら喜ばれたい」と思うようになったという。

そして、震災以後の被災地支援活動を通じて、自分たちに提供できる物資を提供するだけではなく、生協の産直産地のネットワークを通じて、モノ、ヒトを集め、段取りを決めて、行動する。その調整役も大事だということを知ったそうだ。

生協の産直産地の頼もしい横のつながりが、震災を通じてより強固になり、東北の被災地で、そして、千葉県内においても、パワフルな「炊き出し」支援活動につながっていった。

また、これまでのちばコープの職員との交流を通じて感じ取ってきた、〝ちばの職員〟が持つ、「つながりを大事にし、組合員を大切にする姿勢」に、あこがれのような気持ちを持ってきたそうだ。組合員と生産者を繫《つな》ぎ、組合員の声を聴いて願いをかなえる。自分もそのような役割を担いたいと思ってきた。震災支援対応を重ねていくうちに、沓澤《くつざわ》さんは、「相手の目線でものごとを考えるとはこういうことなんだ」と、実感したそうだ。

農産とか畜産など、扱う商品によって部門が違うと交流も少なかったこれまでと違い、産直産地同士間の距離が縮まり、新しいネットワークもできた。支援活動を継続的に行うのは、大変な部分もある。しかし、「それ以上に、この新しいネットワークからいただいているものはある」そうだ。
飯岡《いいおか》の仮設での次の炊き出しの計画を考えているそうだ。喜んでもらえる〝にぎわい〟づくりをしたい。沓澤さんは、「地域の元気が、われわれの元気」と話した。

４　思い出が被災者をはげませるように

スマイルカフェ

「スマイルカフェ」は、ちばコープの三区エリアの組合員理事とサポーターたちが立ち上げた「ＣＣＢ（ＣＨＩＢＡ・ＣＯＯＰ・ＢＥＡＵＴＹＳ）」というグループが、二〇一一年一二月から始めた。飯岡《いいおか》仮設住宅の集会室でのささやかな交流会からのスタートだった。仮設住宅の住人たちに和やかな時間を過ごしてほしい、という思いから始まった。

その後、この「スマイルカフェ」は、組合員が講師になり編み物や折り紙や絵手紙を作る企画も、同時に開催されるようになった。（写真⑫）「スマイルカフェ」に、企画提供をする人たちが広がることで、継続的な開催が可能になった。この活動に関わっている組合員たちに「『スマイルカフェ』がもたらしたもの」について、活動の中心的な役割を担っ

写真⑫　2012年4月25日の「スマイルカフェ」。暑くなる夏を前に組合員と一緒に「うちわ作り」。季節の菓子「柏餅」でお茶会も。

ている三区理事・奥本《おくもと》ゆかりさんと、自分のエリアの組合員をスマイルカフェの企画に参加することを呼びかけている、五区理事の永《なが》島《しま》里《り》恵《え》さん、六区理事の世良《せら》仁美《ひとみ》さんに話を聞いた。

誰でもいいんだよ

奥本　最初は少人数で始めた。それがどんどん広がって、他のエリアからも参加してもらっている。また、最初はサポーター中心だったけど、組合員さんからも何かお手伝いしたいという声を五区からもらって、地域ネット・テーマネット[*5]も参加するようになった。

永島　もともと三区のサポーターだけだと続けていくのは難しくなるから、みんなに広げたいという奥本理事の発信もあり、それぞれのエリアで理事が地域の組合員さんたちに発信して「スマイルカフェ」のことが口コミで広がっていった。エリアには、地域ネット・テーマネットがある。いろいろな場をつくれる人たちはたくさんいるから、組合員活動と繋《つな》ぐのがいいと思った。それで実現したのが「絵手紙の会」だった。支援はプツンと切れちゃいけないものだから。みんなで繋げていきたい。

世良　夏休みに、松戸《まつど》から組合員さんたちの子どもたちと一緒に行った。広島風お好み焼きをみんなで焼いた。六区の人たちに声をかけたら、東北には行けないけど県内で日帰りなら参加できると、一〇人くらいが集まった。あのとき、将来は鉄板焼き屋さんになると決めた男の子がいたでしょう？　ずっとみんなの分を焼いてくれていた。

奥本　末吉《すえよし》さんの息子さんよね。

世良　そう。いつも、お母さんががんばっているから、一番はじめにお母さんに作って食べさせたいと。いつもお世話になっているおばちゃんにも、と言って焼いてたよね。

全員　そうそう！そうそう!!　そうだったよね～！

永島　スマイルカフェに行くと、奥本理事が飯岡の被災地を案内してくれる。実際に見て初めて伝わることもある。感じるものが違う。

奥本　飯岡《いいおか》の海岸線を通って、パネル展示をしている刑部岬《ぎょうぶみさき》の上に行きます。パネルは津波が来たときの写真。あの日の時間の経過とともに被害を受けていく様子が映っています。

世良　実際に津波で被害があった地区やパネルを見ると、今もまだ続いているということを地域に帰ったときに周りの人に伝えられる。そのことが大事だと思いました。

奥本　仮設には、以前は大勢の人が生活していた。今は、出ていく人も増えた。その出ていく方が、出ることを周りに言えない雰囲気があるそうです。中には遠慮して、コープミートさんの炊き出しに行きたいけど行けない、という方もいると聞きました。仮設を出た方たちも新しいところで頑張っていて、辛いこともある。仲間に会いたくて集会室に来たいのに、遠慮してしまう空気があるようです。

だから、今度の一二月（二〇一二年）の炊き出しとスマイルカフェは、仮設を出た人も誘って来てね、と呼びかけることにしました。「誰でも来ていいんだよ」と。お知らせを仮設住宅の掲示板に張って、ポスティングもします。出た人たちは、わざわざ仮設のポストを見に来るそうです。末吉さんが言っていました。だから、チラシを入れておいてほしいと。出た人たちにとって仮設のポストは、仮設の時の仲間との連絡窓口になっている。

楽しく継続していく

世良　決まった人たちが決められたことをするのではなく、いろいろな形で参加できるのがいい。私もこれくらいならできる、と思った人が、気軽に講師になったり、企画したりできる場所。だから継続できる。

永島　継続していくには、楽しくなくちゃいけないと思う。関わる私が楽しくできることで参加するのがいい。とくに年配の方がそこに生きがいを見出《みいだ》している。いろいろな人のアイディアと知恵があれば、継続していけるのかな。

奥本　六区の人たちが来たら参加者の様子が違った。いつもと違う人たちには、自分の体験をまた話せる。いつもいる私たちには、前に話しているから話せない。でも違う人たちには「私大変だったの」と話すことができて、はき出せる。それは大事だなと。いろいろな人に来て関わってもらうことは、仮設の皆さんにとってもいいことだと思いました。

地域の中の活動の意味を考えるようになった

奥本　「スマイルカフェ」は、組合員活動から〝はみ出た〟感じがしている。「スマイルカフェ」に参加しているのは、組合員さんとは限らない。組合員さん以外の方のくらしぶりや、思いを知る場になった。それは、ふだん組合員さんから聞くこととやっぱり、ちょっと違っている。たとえば、この地域は高齢者が多いということを改めて知った。そのように地域を知る機会になったと思います。
また、仮設の皆さんを日常的にサポートしている、たとえば県から派遣された支援アドバイザーの方たちとか、そういう方たちといい関係をつくっていくことが地域の人を支えるということだと感じた。これまでは、生協という枠の中でやってきた。生協以外の方たちとも目的が一緒なら連携できると思いました。
また、この地域はこうだから、こういう場所があるといいなとか、他の団体とも知り合ったので、あそこと一緒にこんなことできそうだなとか。地域を広く見られるようになった気がします。

世良　「スマイルカフェ」は、サポーターや理事が地域の中の活動の意味を考えるきっかけになった。これまでもわからなかったわけではないけど、具体的に「これだよね」と強く共有できるようになった。結局は自分の住む地域が住みやすい地域になるために関わっていく、それが自分たちの役割だということが見えたような気がしました。

永島　スマイルカフェを通じて、エリアを超えた繋《つな》がりができた。それは貴重だった。繋がったら、もっといろいろなことができる。そういう気づきがあった。

「たまり場」と「仮設の人たちのこれからのこと」

奥本　私たちの場づくりはこれまで、ここではこういうことをしようと決めて企画してきた。「スマイルカフェ」を続けるうちに、ある場所に集まった人たちが同じことをする必要はないな。マッサージしてもらいたい人もいるし、おしゃべりしたい人もいる。どっちもあるそんな場がいいのかもしれない。それが地域かもしれないと思うようになりました。

それがきっかけになって今、三区では、地域の人たちが集まる「たまり場」をつくり始めた。ここに住んでいる人たちにこんな場があればもっと元気になれるよね。まず場所があって、そこに来れば地域の人がいて、お茶を飲んだり、一角にはいろいろなコーナーがある。そういう場をつくりたいね、というイメージをエリア全体で持つことができて、実際に地域ごとにたまり場づくりが始まりました。

奥本　飯岡の仮設住宅は、二〇一四年の五月で撤去される。そのときに私たちに何ができるだろうと、ずっと考えています。また、皆さんがバラバラになると聞いている。最初スマイルカフェを始めた頃、集まる機会も少なく仮設の中に友達がいない方もいたそうです。ここがなくなれば、また、当時に戻って孤独になる方がいそうです。そういう方たちのために、私たちに何ができるのかを考えています。

たとえば、ここを出た後に一人で家にいても、あれは楽しかったなと思い出したり。ここで体験した絵手紙を書いたり、お好み焼きを作ったりとか。スマイルカフェで体験したことを新しい近所付き合いのきっかけにしたり、孤独を忘れて集中できる時間にしたり……。そのような記憶のされ方がバラバラになってからも、一人ひとりを励ませるのかなと。だから今、スマイルカフェにできるのは、いろいろな人たちにいろいろな場を提供してもらって、そして、仮設の皆さんにいろいろな体験をしてもらうことかなと。その一つひとつの中に、自分にあった興味の持てる元気の素を見つけられるといいと思っています。最近は、生協とお取引のあるメーカーさんにも来ていただくようになった。この間は、化粧品学習会をやった。みなさんが話していた。化粧品は全部流されちゃったからお化粧しないと。それで、化粧品学習会を「スマイルカフェ」でもやろうと企画。みんな若くなっちゃって鏡を見て喜んでいました。今度はおいしいコーヒーが飲める、珈琲学習会もやります。

津波により、家を、それまでの当たり前のくらしを奪われた人たちの傷は深い。やりきれない思いを抱えた被災者たちが、身を寄せているのが仮設住宅だ。

震災で深い傷を負った人たちにとって、「スマイルカフェ」はじめ、支援者たちの存在は嬉《うれ》しい。「誰かが気にかけてくれる」、「心配してくれている」、そして「応援している」。

支援者たちは、ひとときでも笑顔を交わす時間を分かち合うことで、被災した人たちの心に、力が宿ることを願い、足を運んでいるのだろう。交わされる笑顔が、仮設の住民たちの心に貯まっていくことで、前向きになるエネルギーになるのではないだろうか。

そして、「スマイルカフェ」という場の作り手たちは、仮設で暮らした人たちが仮設を出た後にも元気でいてもらうために、「スマイルカフェ」の体験を「思い出」として記憶にとどめてもらえるような場づくりをしている。被災した人たちの心の中に、いつまでも「スマイルカフェ」の思い出が宿り、そして、その思い出が、仮設で暮らした人たちを励まし続けることを願いたい。

＊1　《たすけあい》——月一、〇〇〇円から、家族の入院・ケガ通院など幅広く保障するCO・OP共済の商品名で、「ジュニア18コース」「女性コース」「医療コース」などのコースがある。CO・OP共済の商品には、その他、一〇年満期の生命保障＋入院特約＋がん特約がある《あいぷらす》、終身共済の《ずっとあい》、基本契約と二つの特約の組み合わせでライフスタイルに合った保障を選べる満期金付き生命共済《新あいあい》、さらには、火災共済や自然災害共済などがある。

＊2　「サポーター」——ちばコープの組合員活動における地域の組合員のまとめ役を担っている。地域の組合員たちの活動を支援しサポートする。

＊3　「ふれあい喫茶」——コープネット事業連合は、みやぎ生協の「ふれあい喫茶」に毎月二回、職員や組合員をボランティアスタッフとして派遣し続けている。

＊4　「まけないぞう講習会」——「まけないぞう」は、家庭に眠っている新品のタオルを提供してもらい、被災者が手作りするゾウをかたどった壁掛けタオル。神戸の「被災地NGO協同センター」がコーディネートして、作り方を学ぶ講習会が全国に広がっている。

＊5　「地域ネット・テーマネット」——ちばコープの組合員活動の小グループ。地域やテーマで繋がり、活動をしている。

第5章

組合員さんは「大切な人たち」

第5章では、「レンジでふっくら　さんま蒲焼」を組合員におすすめしていっぱい注文してもらった、安房《あわ》センターの配達パート職員、鈴木《すずき》ますみさんの配達の様子を紹介します。

震災以後、改《あらた》めて、組合員との接点、会える時間を大切にしたいと考えている鈴木さん。それは、鈴木さんだけではないはずです。とくに高齢化が進んでいる地域の配達担当者たちは、そう考えているのではないでしょうか。鈴木さんの配達の場面の中に、現在の各地の配達風景が重なるにちがいありません。その場面を見つめることで、宅配事業の明日の姿が見えてくるような気がします。

玄関先での会話

水曜日の午後の配達。夏休みの御宿《おんじゅく》地区。街なかには水着姿の観光客の姿もあった。海からの照り返しの光がキラキラまぶしく、そして暑い中の配達だった。

鈴木さんは、「こんにちはー。生協でーす」と明るく、大きな声で挨拶《あいさつ》をする。この日の午後は一件を除いて、他すべては組合員が在宅していた。前週はお盆週。田舎の人たちのお盆は忙しい。商品の受け取りに顔を出せない組合員もいたし、注文をお休みしてしまった組合員もいた。

鈴木さんと組合員が話せる時間は、ごくごく短い時間だけ。会話はほんの一分弱くらいしかない。その短い時間の中で、組合員は、鈴木さんに話したいことを話す。鈴木さんも組合員の一人ひとりのくらしをよく把握し、「今年は新盆だったから大変だったでしょう」とか、「お子さんお昼寝中ですよね」とか。決まりきった挨拶ではなく、その人に向けた言葉かけをする。

あるマンションで。玄関ドアがあき、商品を手渡し、今週のおすすめのことを話す。すると、「あらワンちゃん、いつもより元気がないですね……」と気になったので声をかけた。すると、その組合員は鈴木さんに、「お父さんがガンになっちゃったのよ」と、突然話しだした。犬もわかっているようで、心配してふさいでいるという。

鈴木さんは、組合員の言葉に驚き、そして次の瞬間、組合員と同じ不安な表情になってしまう。慰めの言葉はかけられない。鈴木さんは組合員の話を聞くことしかできないと話していた。そう言いながらも、「今はガンは治る病気だから」と自分に言い聞かせるようにつぶやいていた。

その同じマンションの違うフロアの組合員は、夫婦で協力して鈴木さんから受け取った商品を家の中に運び入れていた。定年後に都会から移り住んできたとのこと。安房《あわ》地域には都会から移住してきた高齢の組合員も少なくないそうだ。

前週の水曜日、鈴木さんは用があり仕事を休んだ。組合員の中には、鈴木さんが配達に来ないと機嫌が悪くなってしまい、違う担当者から商品を受け取るとすぐにセンターに電話をかけてくる、そんな組合員もいる。その組合員宅に着くと、先週配達に来なかったことを詫《わ》びていた。鈴木さんの顔を見ると安心するのだろう。組合員は笑顔で「やぁ、いいんだいいんだ」と柔らかい表情で返事をしていた。

毎週毎週の積み重ね

一六時五分前、次にめざす橋のたもとの空き地に向かう。腰に両手をあて、一人立って待っている組合員の姿が見えてきた。毎週同じ時間にあのようにして立って待っているという。形は三人班。待っているのは共同購入利用が三〇年というＳさんだけで、あとの二件分の商品は鈴木さんがそれぞれの玄関先まで運ぶ。二件分の商品をシッパーに入れ込む間、Ｓさんと言葉を交わす。最近体調がすぐれない。病院に通っていることを鈴木さんは気にかけている。

腰が曲がり、商品の入った小さな袋も重そうに持っている。高齢ゆえ、歩く速度もゆっくりだ。さっき鈴木さんから受け取ったばかりの商品を、ゆっくりゆっくり歩いて家の玄関まで運ぶ。

今週、受け取った生協の商品を今週食べて、そして来週もまた、今週注文した商品を受け取って、またその商品を食べて……。その繰り返しが積み重なって人生の一部を形成している……。そんなことをふと感じた。毎週、決まった時間に、あの橋のたもとでＳさんは生協のトラックが来るのを待っている。毎週毎週、そうしてきた。

思いついたときに商品を購入して配達するのではない、「共同購入」という事業を利用し続けることがもたらす「何か」。そのことがここにあるような予感を覚えた。

〇つけ組合員

鈴木《すずき》さんが「〇《まる》つけ組合員」という組合員の配達もあった。高齢になり、小さな文字の商品名が並ぶＯＣＲ注文用紙に注文数や注文番号を記入することが困難になってしまった組合員には、注文したい商品はカタログの商品写真そのものに大きく「○」を付けて出してもらっている。そのカタログを見て鈴木さんや他の担当者たちはＯＣＲに転記をして注文書を書くお手伝いをしているそうだ。

○をつけて注文したはずの商品が、届いていないと話している。商品は「尿とりパッド」だ。高齢者には必需品なのだろう。すぐに調べて連絡するからと鈴木さんは組合員に伝えていた。「○つけ組合員」の注文には、このような行き違いもあるだろうということで、カタログは保管しているそうだ。しかし、大抵は、組合員は注文したつもりでも○がついていないことの方が多いという。正しかったことを伝えることが必要なのではなく、組合員がほしいと言っている商品を確実に届けるようにすることが重要で、そのように対応をするのが、鈴木さんや安房《あわ》の「○つけ組合員」の対応だ。

鈴木さんの携帯にセンターから連絡がはいる。恒例の電話らしい。水曜コースの最後のマンションの組合員から、まだ配達に来ないという催促の電話が入った。約束の時間を忘れているとのことだ。「配達が、一六時四五分から一七時の間に行くという約束になってからしばらく経つのになぁ、しょうがないなぁ」と、鈴木さんはぼやく。

写真⑬　コープデリ安房センター。（撮影　山田省蔵）

その組合員宅に着き、元気に言葉をかける。

「こんにちはー、生協でーす」

ランニング姿の高齢の男性が笑顔で出迎える。今日の午後、今か今かと、鈴木さんが来るのを待っていたのだろう。玄関先でかわす言葉は少ない。笑顔と元気な声での挨拶《あいさつ》。そして、「配達のお約束の時間は、一六時四五分～一七時の間ですよ」と、これはきっぱり。「そうだった」と組合員も笑っている。来週も、待ちきれなくなると電話をしてくるのかもしれない。

のんべぇ三人組

「今日の最後の班は面白いですよ～」と、鈴木さん。荷受けは一人の組合員宅。そこで三人の男性が待っているそうだ。一人ぐらしの男性二人と、夫婦二人ぐらしの男性が一人の仲間たち。〝こんにちは拡大〟で声をかけたのがきっかけ。水曜日の夕方の配達を口実に、三人は毎週、いっぱいやりながら鈴木さんを待っているそうだ。彼女は「のんべぇ三人組」と名付けている。行くと、今日のつまみは、手作りのカツオの塩漬けだと、切りたてを鈴木さんに渡し、味見をしろと促す。「おいしいですね、作ったんですか？」という鈴木さんの言葉が聞きたかったのだろう。ふふんと、鼻高々な様子だ。

来週も「こんにちは」を言いたい

たった半日だったが、鈴木さんのコースの在宅率の高さに少し驚いた。そして、皆が、彼女が来るのを「待っていた」。

トラックで、商品を入れて運ぶシッパーを積み上げ、ヨイショと二本の腕で持ち上げ、歩いて運ぶ。歩きながら、「あ〜死んじゃいそう。この暑さ！」と悲鳴を上げながら、しかし、組合員の前では、ツラい素振《そぶ》りは一切見せない。

「夏になるたびに、やめよう、やめようと思うんですよ」と言いながら、「この夏を越えると、また続くんですよね」。アハハと笑う。

「海に近いところは、海の風を感じるんで、都会よりはラクなんだろうなと言い聞かせてます。好きなんでしょうね。この仕事……」

震災の前と後で、何か仕事に変化があるか鈴木さんに聞いた。やっていることは何も変わらないんですけど、と前置きをしてから話し始めた。

「高齢者をいっぱい抱えているから、今日会って、『ありがとうございました。来週来ますね』と言っても、来週、『こんにちは』と言えないことがあるかもしれない」。そう思うようになったそうだ。

実際に、最近そういうことが鈴木さんに起きた。「その組合員さんは、誰にも発見されることなく、心臓発作で亡くなっていた。今日配達に行ったあのマンションの六階に住んでいた。最後にお会いしたとき、来週から東京に行くからと言っていた。『だから鈴木さん、配達は休むね』と」

ところが、翌週、その組合員が注文した園芸用の土が届いた。いつも、不在のときは、腐らないものの置き場所を約束しているので、その置き場所に置いた。するとそこに、鈴木さんあての「休みます」ということが書かれた手紙があったそうだ。

翌週、その組合員のお宅に行くと、お友達からの「私の家に来てください」というメモがあり、伺うとその組合員が亡くなったことを知らされた。

「ふだんから健康に留意している人だった。元気だった。だから、なおさら衝撃的でした」と鈴木さん。「来週会えないかもしれない。だから、会えた日を大事にしなきゃ。その人に嫌な思いをさせたくない」

震災とも重なった鈴木さんの最近の思いだそうだ。だから、「来週も会えるといいな」と余計に思うそうだ。

変化はしている

現在、担当している組合員は、約二五〇人。週四日の配達。二〇一二年の七月で配達担当の仕事に就いて一二年目だ。この一二年の間に一番変化したのは、個配が増えたことと鈴木さんは話していた。

「組合員さん同士で、あれおいしいよ、これおいしいよという配達の場面はない。今じゃ、そういう場面は奇跡のような話。人づきあいが面倒くさいのかな」と、少しさびしそうな口調になった。

「隣同士とかで個配をやっている人たちに、みんな在宅してるんだから、よかったら班にしませんかと、声をかけたら、家で買っているものを見られるのはいやだからいいって言われました」

写真⑭　「生協」があるという存在感から「安心感」も受け取っているのかもしれない。写真は、鈴木ますみさんと同じく安房センターで働く鈴木久美子さん（右）と組合員との、ある日の一こま。（撮影 山田省蔵）

「逆に子育て中の若いお母さんがいるような新しい家が建っているところでは、私たちが真ん中に入って、班にしませんかと声をかけると、喜んで班になってくれたり、というパターンもないわけではないんですけどね。でも、変わった」と、かみしめるように言った。「生協という形から、配達、宅配になったのかな」。鈴木さんはそうつぶやいた。

「いろんな組合員さんいますよね。この間は、焼きそば作って、待っててくれて。食べなさいって。スタミナつけなきゃだめよって。ニラを入れてあるからって。全部は食べられないのにね……」と、笑いながらも嬉《うれ》しそうだった。

その組合員は暑い日が続くこの夏、鈴木さんがバテてはいけないと思ったに違いない。

「商品を受け取る日」だけじゃない

「宅配は、利用している組合員さんにとって、どういうものなんだろうね？」

「そんなこと考えたことなかった」と言いながら、少し考えている。

「うーん」とうなって、『商品を受け取る日』だけだとさびしくないですか？」と言った。

「ちょっとの時間しかないですけど、組合員さんは、ついでに楽しむ日だったり、あーでもない、こーでもないと私に愚痴が言える日」

「ちょっとでも、組合員さんの話を聞いてあげられるといいのかなと思ってる」

「私は商品と一緒に、元気を届けたいなと思って配達している。元気と笑顔」

「今、センターで、交通安全について、組合員さんからお手紙を書いてもらっているんです」

「その手紙に、いつも笑顔と元気をありがとうと書かれているらしいんです」

「つらいときもあるんですけど、でも私には元気しかない。おじいちゃんおばあちゃんにあげられるのは」

「さっき、橋のたもとで待っていたSさん。配達のあと、Sさんは、班のもう一人のお宅にお邪魔して、お茶会やっているんですよ。私が帰ったあとに、毎週」

「生協がなかったら、お茶会できないじゃないですか。私が帰った後にそれができているから、いいのかな」

「あの、三人組ののんべぇも、週一回が、ちょうどいい頃合いなんですよね」

「私も、家の班でやっているときがあった。子どもが小さい時。うちに班があって、同級生のお母さんたちと。生協が来る前に、お茶して待ってた。トラックが来るとみんなで仕分けして、仕分けが終わるとそのままお昼ごはんを食べに行って、子どもたちも小さくて、一緒に遊ばせながら、ストレス解消にもなってた」

「時間に余裕があったのかな、というより、そういう時間を求めていたんだろうな。みんなと愚痴ったり、笑ったり。生協の日は楽しみでした」と懐かしそうに話す。

それぞれ、子どもが大きくなったり、仕事を始めたりで班はなくなったそうだ。その時、彼女たちには、近所の子育て仲間が必要だったのだろう。生協の班はちょうどよい関係性をつくるきっかけだったのだろう。週に一回という規則的なリズムが、彼女たちには負担にならずに、ちょうどよい、心地よい楽しい時間となった。

今、鈴木さんの配達は、「週に一回」という規則的な訪問をちょうどよいと感じている高齢の組合員がいて、毎週決まった時間に鈴木さんが来ることを心待ちにしている。そんな配達になっていた。

鈴木さんは、共同購入は、変わってしまったと話していたが、一二年前と違う価値も持ち始めているのかもしれない。

人生の終盤で、健康状態に不安を感じずに暮らしている人はいないだろうし、ましてや大震災が起こり、さらに大きな被害をもたらす大地震が近く起きるかもしれないという雰囲気に包まれている昨今だ。一人では不安で、地域の中に、ゆるやかな繋《つな》がりを求めずにはいられないのではないだろうか。

週に一回、毎週決まった時間に、「こんにちはー、生協でーす」と現れる宅配の配達担当者。今週も担当者の元気な笑顔に会える。笑顔の向こうに「お元気でしたか?」と、自分を気にかけてくれている人の存在を感じることもできる。

短い時間しか言葉のやりとりはできないが、「毎週、必ず会える」、その瞬間に確かめあっていることがあるのだろう。その確かさが、不安な毎日のささやかだが、一つの安心に繋がっている。

また、その配達を口実に、近所の人たちとお茶をしたり、お酒を飲んだりというコミュニケーションの機会にもしている。人生の終盤の時期にも、このゆるやかなコミュニケーションが求められているということなのかもしれない。

鈴木さんの半日に同乗させてもらい、高齢化が進んでいる地域の中で「安心」の一助となる、配達担当者の存在と役割をあらためて感じたような気がした。

鈴木さんだけがそうしているのではないはずだ。どの担当者も自分が担当している組合員の健康のこと、体調のこと、そしてその組合員がもらす言葉のひと言ひと言を聞き、一緒に心配したり、喜んだり、励ましたり。そんな気持ちをやりとりしながら、配達をしているのだろう。

「『商品を受け取る日』だけだとさびしくないですか？」と思わず出た彼女の言葉が、その意味をあらわしている。

トラックが鴨川《かもがわ》に近づいてくるとあっちからもこっちからもコープデリのトラックが幹線道路に合流してきた。「お。前もコープ！」と鈴木さんが叫んだ。「いつのまにか、湧いて出てくるんですよ。みんなが寄ってくる」と嬉《うれ》しそうだ。「ほら！　また一台。また一台」。今日の配達を終えた仲間同士が、「お疲れさま」と声をかけあっているように、仲良く並んでトラックが走行している。本人たちも、嬉しそうだが、もしかしたら、この様子を外側でふと見る地域の人たちは、地域のくらしを支える「生協」があるという存在感から「安心感」も受け取っているのかもしれない。

第6章

地域の中にあるくらしを支え人と人の絆《きずな》を育む生協に

第6章では、生活協同組合ちばコープ代表理事・理事長の田井修司《たいしゅうじ》さんに、ちばコープの職員、組合員が東日本大震災後に展開したさまざまな取り組みを通じて獲得したこと、そして、その中から見出《みいだ》すべきことなどについて、お話をお聞きしました。

「組合員のくらし」と「地域」は一つ

――東日本大震災が、ちばコープの皆さんにもたらしたものについて教えてください。

田井　震災の取り組みを通じて、われわれは生協の意味や、生協の役割を深く考えた。浦安《うらやす》で水を配った。「友達にも分けてもらえますか?」と頼まれて渡すと、涙を流して喜ばれる。そういう事例がいっぱいあった。私たちの仕事の本質は、社会貢献、地域貢献でもある。それがわれわれの基本姿勢でもあったと、現場の職員たちが実証してくれた。大変な状況の中でこそ、本来的な役割が自覚的に示された。生協の本質的な役割や意味を突き詰められた。足元を掘れば掘るほど、泉のように湧いてくる。その意味を掘り下げ、きちんと意味づけをしなければならないと思っている。

これまで「組合員」のことを第一に考え、その次が「地域」だった。その間には距離があった。けれど、今回の震災を通じて、「組合員のくらし」と「地域」は一つだということを、多くの職員が語っている。それが印象的だった。ふだんわれわれは、生協の中に組合員がいると考えがちだ。生協の組合員というと、自分の身内や内輪のように考えてしまう。

しかし実際には、組合員のくらしは生協の外、まさに地域の中にある。これから、組合員のくらしを考えるということは、当然、「地域」「コミュニティ」を考えるということだ。これまでも、「コミュニティ・地域への参画」と言葉では言ってきたが、今回の震災以後、われわれは「地域」を感覚的に理解できるようになった。これから、地域との関わりをどう作っていくか。少なくとも、震災を経験した生協のありようとして、地域との関わりを築くことはすごく大事だ。みんながそのことを肌で感じることができた。

改めて「地域の中にあるくらし」を認識すれば、組合員のニーズも、より一層、幅広く捉えられるだろう。そこから、われわれの仕事を作り出していけるのではないかと考えている。

しかし、それを「事業」として成立させることは極めて困難なことだ。「世の中にとって良いことを、生協にとっても良いことにする」ということだ。これは矛盾することもある。実現するためには、われわれはもっと仕事をしなくてはいけない。それを効率的に行うには、マネジメントを〝深掘り〟しなくてはならない。矛盾すること、相反することを同時に成り立たせるようなマネジメントをどう自覚的に追求するか。そこが問われる。努力と知恵が必要だ。マネジメントの質を追求することでもある。世の中の企業が持っているベストプラクティスはいっぱいある。それは遠慮せずに学べばよい。

ただし学んでいく上で、自分たちの中心軸をどこに置くかということは、われわれ自身が考えなければ誰も考えてはくれない。そこをしっかり、見据えていくことが大事だと思っている。

「3つのともに」

――「中心軸」とは、具体的にどういうことですか？

田井　コープネットグループが掲げた理念と「２０１５年ビジョン」*。ビジョンこそがマネジメントの軸だと考えている。このビジョンを実現するために、大切にすることとして据えた「３つのともに」。「業態と業態のともに」「事業と組織のともに」そして、「作る知恵とくらしの知恵のともに」。これらが具体的な計画となり、時間軸に行動として落とし込まれ、形づくられていく。それが「中心軸」。しかし、どこまでできているかという問題意識はある。

店舗事業は激しい競争の中にある。宅配事業も異業種異業態のあらゆる企業が、生協の購買事業の三兆円市場に参入してくる時代になった。われわれはマネジメントの軸をしっかり据えて、ビジョンで描いた大切にしたいことをぶれずに追求しなければならない。たとえば、この震災直後でいえば、店舗は店舗、宅配は宅配、そして、共済も福祉も、それぞれの現場は一生懸命対応した。各事業の現場力の評価は高い。ここに「業態と業態のともに」の実践が重なれば、組合員のくらしを生涯にわたり支えることができる、総合的なくらし応援事業が可能になる。それができてはじめて、組合員から見ても、生協が一生付き合える存在として認識されるのだと思う。まだそうはなっていないが、「業態と業態のともに」が持つ広がりと可能性はそこにあると考えている。

また、「事業と組合員のともに」について言えば、事業連合に事業を集中した結果、各会員生協の組合員活動はガバナンスが軸になっている。「組織と事業」を有機的に繋《つな》ぐためのマネジメントが必要なのだろう。今を率直に評価すれば、たとえば、ちばコープには、組合員と一緒に商品づくりをしてきた経験がある。「丸麦納豆」、「満点コロッケ」、「プチ肉まん」など。これらの商品活動は、組合員さんにとって、身近に受け止められる取り組みだった。そういうことができなくなった。遠くなったと思う。

商品活動だけでなく、店舗、宅配、福祉、いろいろな事業が組合員との関わりで協力関係を築くことができる可能性はあるが、どのようなマネジメントがされればそれが実現するのかは掘り下げられていない。

もう一度、組合員との関わりをどうするのか、この議論を深めなければならない。まして や、（ちばコープ、コープとうきょう、さいたまコープが組織合同して）「コープみらい」ができたら、事業と組織は一つになるのだから。

ただ少しずつではあるが、新たな芽はある。コープ商品は、百パーセントその開発と改善のプロセスの中に、組合員の声と関わりを取り入れていこうという動きが始まっている。そこに、「組合員とともに」が据えられているという点では深まっているのだろうと思う。

ただし、その「ともに」をマーケティングの手法として使うだけに留《とど》まらせるのではなく、それを超える、「食べる」という行為自体を、人間が人間と人間のつながりを求める行為として位置づけてきた日本人の、「深い思い」のような部分にまで掘り下げる必要があると思っているが、そこにはまだまだ到達できていない。

「3つのともに」を実現して、「くらし」「地域」に貢献する事業にしていくためにも、震災後の取り組みから何を掬《すく》い取り、深く考えなければならないのかを追求したい。

「ふっくらさんま」の取り組みでは、組合員が五、二二七通もメッセージを寄せてくれた。それを、生産者に直接お届けできた。ちばコープにとっては、生産者と組合員が繫《つな》がるという意味を持つ、本当に久々の取り組みとなった。現場も、組合員も、このようなことを望んでいる。

みやぎ生協などは、そのような取り組みを日常的にやっている。そういうことが生協のマネジメントとしてはできるはずだ。自分たちももっとやっていくために、本気で掘り下げることが重要だ。

地域の過半数の世帯を組合員さんとして持つということは、利害関係が矛盾してしまうような場面に出合うこともあるだろう。地域の中で生協が役割を果たしていこうとするなら、これからのマネジメントは、利益が相反するようなことがらを、一つにまとめていくという技量が求められる。地域の利害関係は、生協の内部だけではどうにもならないことがいっぱいある。その中で役割を果たしていくにはそこに習熟していかなければ。生協だからこそ、直面するテーマもあるだろう。マネジメントがすごく大事になってくる。

ボランティアという「第二の組合員」

――地域の中で役割を果たしていくとき、組合員の関わりはどうなりますか？

田井　僕は、組合員理事やサポーターなど地域の中心になる組合員を「第二の組合員」と呼んでいる。「第一の組合員」は、生協に出資金を出してご利用いただく組合員。その中でも生協の活動に直接参加して、いろいろな役割を果たしている理事さんやサポーターさんを、きちんと位置づけたいという思いがあり、僕は、「ボランティア」と位置づけるのがよいのではないかと考えている。三年前から、ちばコープの理事さんたちと研修会で一緒に考えてきた。

理事さんたちは、外と内という関係でいえば、完全に内側の人ではない。とくに、理事さんなどは生協にどっぷり入っていただいているが、やはり、マネジメント上の位置付けからすれば、常勤でもないし職員でもない。ボランティアという性格で生協の活動に携わっていただいている、と考えている。もちろんこちら側から、理事さんたちに対して、「なんのため」にやるのか、それは「自身の自己実現のため」にということを提供できなければ続かない。サポーターもそうだ。「やりがい」「やることの意味」の定義付けをするという意味では、ボランティアにもマネジメントは必要だ。

震災が起き、その後、地域の中で行われたいろいろな取り組みは、決して生協のためのものではない。「地域のために」という普遍性があった。組合員理事を生協の中に位置付けるのではなく、ボランティアとして位置付ければ、これら地域のために行われる活動も違和感なく支援できる。そういう意味で「組合員はボランティア」という位置付けを持ち込んでも、違和感はないのではないかと私は思っている。ただし、ちばコープの外で一般論として議論したことはなく、ちばコープの中で意識的にやってきたことである。

――スマイルカフェを運営している理事は、仮設住宅が閉鎖した後の被災者たちのことを考えて、今の活動が「思い出」になり、その後もその人たちを支えますようにと願って活動していると話していました。

田井　地域の中心になる人たちが、自分たちの活動の領域が地域の中にあると捉え、そこに住んでいる人たちのことを思って動く。しかも今という一点ではなく、長期的にとらえている。そのように見つめ、考えられる条件ができてきたのではないか、と思う。

――みやぎの「ふれあい喫茶」に参加した理事たちは、「くらしと命」が大事という点において、「震災」を忘れないことは、「平和」を大切にすることと同じと話していました。

田井　今、ここに生きて、暮らしている人のためにということを超えて、絶対的他者である死者を引き寄せ、戦争であれ、震災であれ、「いのち」に繋《つな》げる思いの馳《は》せ方。生きている人間だけを対象にすると人間は傲慢《ごうまん》になる。生協の活動も奥が深くなってきたという印象だ。素晴らしいと思う。

絆を支える事業、生協に

――これから地域の中で実践していく事業の具体的なプランは？

田井　ミニコープ蔵波《くらなみ》店という小型店を基盤に、店を改装して品ぞろえを増やして移動販売がどこまで可能なのかの実験を始める。

いろいろな事業を総合的に、組合員さんに認知していただきたい。地域のなかのくらしを支える生協の事業を、自分たちのくらしを通じて見ていただけるようになれば、また、生協への信頼の質も変わってくる。店だけでなく、宅配や福祉や夕食弁当や移動販売など、生協には組合員さんのいろいろなライフステージを支える事業があり、生涯おつきあいできる生協なのだと認められれば、状況は変わってくる。事業の総合性を第一の柱に置きたい。

四街道《よつかいどう》市で、初めてサービス付き高齢者向け住宅を開設する。福祉事業は単体で黒字化していから、思い切って投資をすることにした。

新しくサービス付き高齢者向け住宅に着手できれば、高齢化がますます進む地域の中で、生協の果たせる役割を広げることができ、次のステップも見えてくる。

この準備の議論の中で理事さんたちがこだわったのが居住者たちだけでなく、そこが拠点となって地域住民にどう役割を果たせるのか、という視点が大事だという点だった。その結果、訪問看護も行うことになった。在宅看護を必要としている人たちの家族も含めた生活を支える、そのようなサービスが提供できるようになる。「家族の絆を支える」、そのようなレベルの事業にしていきたい。

そしてそれは、福祉事業に限ったことではないと思う。われわれがすでに行っている商品事業も、「家族の絆を支える事業」と捉えることができるはずだ。

商品開発を「ものづくり」という視点でのみ捉え、マーケティングレベルでしか考えていない現状があるのではないだろうか。食品、つまり「食べもの」とは、人間にとって一番身近な家族の絆を支えるものであり、人と人のつながり、そこまで意識を深く掘り下げ、考えることが可能な領域のはず。そのように考えることができれば、はやりすたりの枠の中で翻弄《ほんろう》されることはない。

震災という異常災害の中、職員は自分の仕事を葛藤のなかにありながらもまっとうした。

本心は、自分の子どもや家族が心配だった。しかし、仕事、目の前の組合員を優先した。その背景には、「家族を思う心」と「組合員を思いやる心」があった。

生協の事業や商品は、「家族の絆」を支え、「思いやる心」に応えるものになれるかどうかが問われているのではないだろうか。現場の職員には、その心が備わっているが、商品にそれが備わっているだろうか。今はバラバラな気がする。

しかし、この震災を通じて得たことを見つめ、考えたことを基礎に据え、「３つのともに」を進化させられれば、新しい生協「コープみらい」は、「人と人との絆」に収れんされていく新たな価値が提供でき、そして地域とくらしに貢献する生協になれると考えている。

＊　コープネットグループの「理念」と「２０１５年ビジョン」――「理念」は、コープネットグループの存在意義と使命を表した「ＣＯ・ＯＰ　ともに　はぐくむ　くらしと未来」。「２０１５年ビジョン」は、コープネットグループが２０１５年にありたい姿として表した「食とくらしのパートナーとしてもっとも信頼される存在になります。」

あとがき

本書の取材が始まったのが、二〇一二年八月でした。そして、年があらたまり、二〇一三年になりました。もうすぐ東日本大震災が発生したあの日から二年となります。大きな大きな被害が発生した岩手県、宮城県、そして福島県の復興はいつ終わるのでしょうか。東北三県の他にも、千葉県にもその他の地域にも被災した方たちが大勢います。その方たちのくらしの再建と心の復興はいつ終わるのでしょう。

被災した方たちが抱えた傷みを被災者だけのものにしてはいけないことを、同じ時代を生きている私たちは知っています。みんなでその傷みを分かち、被災地のくらしと地域の復興のために、長く支援をしていかなければいけないと思っています。そのためには、「忘れない」ことを、約束しましょう。忘れずに、「この傷み」をいつも抱えて、暮らし方、生き方、そして働き方に「大震災」を映して生きていくことにしましょう。

本書にご登場いただいたみなさんはどなたも、あの日のことを鮮明に記憶し、そして震災を通じて「得た気づき」や「思い」を心に刻んでいました。たぶん、多くの方が震災を通じて大切にし続けようと心に刻んだものを持っているのではないでしょうか。

「家族」「友人」「地域」「コミュニティ」「隣近所」「一日一日」「防災への備え」「復興支

援」「ボランティア」「笑顔」「元気」「健康」、そして「感謝の気持ち」……。

どれも、震災以前にも大切だったこと。でも、改めて気づき、新しい気持ちでそれらを大切にしようと、心に刻んだのではなかったでしょうか。

あの日、電話、通信が途切れました。直後から道も寸断され、電気、水が止まりました。また、物流網の混乱により食料や生活物資も滞ってしまいました。社会とくらしは異常事態に陥り、私たちは「繋《つな》がらない」ということは「不便」を超え、「不安」と「恐怖」をもたらすことを知りました。

寸断されてはじめて、途切れてはじめて、「ふだんのくらし」を支えてくれている人たちの存在を感じ、「繋《つな》がっている」ということは「支えられている」ということでもあると気づきました。

日々、私たちは食卓で、「いただきます」と手を合わせ、「これおいしいね」、「これはおいしいな」という喜びを得、そして「ごちそうさま」、「ありがとう」という感謝の気持ちを抱きます。毎日のことなので、いつもいつも、深く感謝しているかといえば、あやしいのですが……。でも、その食卓の向こうに、毎日の食卓を支えてくれている人たちが大勢いることを知っています。食卓も、くらしも、地域も、社会も繋《つな》がっていることで成り立っています。

くらしを支え合うために、この「つながり」を、「ネットワーク」を途切らせないようにすることが、現代の私たちの仕事の意味であるのかもしれません。大震災が現代の労働の意味をそのような角度からもとらえられると教えてくれたような気がします。

競争が激しさを増していて、生協は今後も組合員から支持され続けることができるのだろうか、と漠然とですが不安を抱くことがありました。でも。日々、組合員と向き合っている現場の担当者たちは、まさに、「今」と向き合っています。この時代を生き、生活している「組合員の今」に対応しています。組合員を「気にし」、「気にかけ」、「気遣い」、そうして寄り添っている「今」がありました。その姿勢は震災直後にも、その後の混乱の中でも、いつも通り、いいえ、いつも以上に貫かれていた姿勢でした。

これから、ますます高齢化が進みます。生活協同組合なら、きっと担える役割があるという予感を、本書に登場いただいた皆さんの言葉から感じ取ることができたように思っています。

「ふだんのくらし」を支えたいと願う職員と地域のなかのつながりを大切にしたいと行動する組合員がいます。

地域の中で最後までイキイキと「命」を全うできる。それを支える事業と活動にしていくことがきっとできる。

生協で働く人と地域の組合員が一緒ならきっと「つながり」を強い「絆《きずな》」に変え、生き心地のよいくらしと地域をつくっていけるのではないでしょうか。
忘れずに、寄り添い続ける。そして「つながり」を「絆」に。
東日本大震災を通じて得た、日本人の一人として、一個人として、そして協同組合人としての「忘れたくないこと」をそれぞれが胸に刻み、抱えて、ともに「明日」という一日一日を重ねていきましょう。その「明日」の積み重ねこそが、きっと私たちが描きたい「未来」につながるのだと思います。

多くの気づきをいただくことができました。本書に関わる機会を与えていただいた皆様、ご協力いただいたすべての皆様に心よりお礼申し上げます。ありがとうございました。

二〇一三年一月

永井雅子

【おことわり】本書中の役職名等は、いずれも取材当時のものです。

資料1　ちばコープで働く皆さんへ

東北地方太平洋沖地震からの復興に向けて

生活協同組合ちばコープ　理事長　田井修司

２０１１年3月11日（金）午後2時46分頃、日本の観測史上最大となるマグニチュード９・０を記録する大地震が、東北地方太平洋沖で発生しました。過去に例を見ない大津波、火災など甚大な被害が拡大し、数千人の方が犠牲となっています。また、行方不明の方も数多く、被災地では住民の方たちの生活に多大な影響が出ています。

千葉県内でも、震度6弱～震度5弱を観測し、避難指示や各地で交通機関の乱れ、ガス・水道などライフラインの停滞が発生し、組合員・役職員で被害を受けた方もいます。また、被災地に家族や親類、知人の方がおり、心労を抱えている方もいます。

事業運営の状況では、ちばコープの各施設だけでなく、コープネットグループの印西冷凍センターや野田グロサリーセンターなど物流施設の被害が大きく、現在、全力で復旧作業中です。ちばコープが行っている通常どおりの活動やサービスの提供は困難な状況ですが、現時点での方針として、以下の２点に集中して行動することを全員で確認してください。

１　事業の継続を優先します。
・組合員のくらしを守るため、各事業の継続に全力を尽くします。
２　被災地への支援を第一に行動します。
・物資の支援や人的応援など、要請に応じ最優先で対応します。
・１人１人が節電・節水・節燃料を徹底し、ライフラインが被災地になるべく多く振り向けられるように、日常業務・生活の中で資源の節約を心掛けます。

今回の大地震による犠牲者の方々のご冥福をお祈りするとともに、被災地の１日も早い復興を目指し、今こそ、ちばコープ・コープネット・全国の生協、行政や他団体、海外からの支援など、国や地域を越えた人と人との協力が必要な時です。

ちばコープで働く１人１人が、組合員や仲間、家族を思いやり、皆で力を合わせて取り組んでくださることを願っております。

資料2　ちばコープの震災直後からの支援の取り組み

【二〇一一年】

三月……

●**三月一一日**

災害時支援協定締結自治体へ水・食料等の物資提供。船橋市など八市へ飲料・食料を提供し、日赤千葉県支部の物資を搬送。

●**三月二三日～四月九日**

みやぎ生協店舗復旧支援。延べ一二名の職員を派遣。

●**三月二八日～四月九日**

みやぎ生協共同購入復旧支援。延べ六名の職員を派遣。

四月……

●**四月八日**

千葉市斎場で行われた岩手県陸前高田市の震災犠牲者火葬の際に、ご遺体に捧げられる献花を提供。

●**四月一八日～（＊）**

被災者・避難者の組合員へコープデリ宅配手数料を無料化。

＊二〇一二年度も継続。二〇一二年一一月現在、二、三九七名が利用登録。

五月……

●**五月三一日**

旭市へお見舞金贈呈。

六月……

●**六月二〇日～七月二日**

岩手県ボランティアコーディネーター派遣に職員一名を派遣。

●六月末～八月末
岩手県仮設住宅引っ越し支援に、延べ一二名の職員ボランティアが参加。

●六月～七月
宮城・岩手への営業担当派遣支援に、延べ四名の職員を派遣。

七月……………………………………

●七月八日
組合員がフラワーアレンジメント講習会を開催し、収益を旭市へ贈呈(二・三・四区の九か所で開催)

●七月二八日
浦安市へお見舞金贈呈。同時に災害時支援協定を締結。

●七月
「ユニセフちっちゃな図書館」を県内被災者・避難者に紹介し、絵本三八セットを寄贈。

八月……………………………………

●八月二三日
鴨川市に避難中の福島県福祉事業協会(障がい者施設)へ、トイレットペーパーなどの日用品を寄贈(復興支援金活用)。

一〇月……………………………………

●一〇月三〇日
組合員が旭産業祭にチャリティーバザーを出店し、収益を旭市へ贈呈(三区エリア)。

一一月……………………………………

●一一月一日
岩手県の被災者へ裁縫道具一〇〇セットを寄贈(復興支援金活用)。

●一一月
東北被災者の「まけないぞう」活動支援。コープ会参加組合員がタオルの寄付と「まけないぞう」を購入。

● 一一月二日、一二月七～八日
コープネットグループで、東北取引先一〇社にお見舞金を贈呈。

一二月……

● 一二月八日
被災取引先の宮城県山田水産「レンジでふっくらさんま蒲焼」を、組合員へ普及支援。応援メッセージ五、二二七枚をお届け。

● 一二月一二日
鴨川へ避難中の福島県福祉事業協会（障がい者施設）へ、組合員より冬服を集め寄贈。

● 一二月二五日
岩手県被災者へ、裁縫道具一〇〇セットを寄贈（復興支援金活用）。

資料3　旭市飯岡仮設住宅への復興支援募金を活用した支援活動

【二〇一一年】

一二月……

● 一二月一四日
組合員ボランティアが、スマイルカフェ（ふれあい喫茶）。

● 一二月二一日
組合員ボランティアが、スマイルカフェ（ふれあい喫茶）。

● 一二月二五日
職員ボランティアが、豚汁を提供。

【二〇一二年】

一月……

● 一月七日
産直組合の和郷園が、けんちんうどんを提供。

二月

●**二月一一日**
産直組合の多古町旬の味産直センターが、サツマイモと田舎饅頭を提供、職員ボランティアがホットカーペット等の生協支援物資を提供。

●**二月二二日**
組合員ボランティアが、スマイルカフェ(ふれあい喫茶)。

三月

●**三月四日**
産直組合の房総食料センターが、山菜おこわ・豚汁を提供。

●**三月七日**
組合員ボランティアが、スマイルカフェと「まけないぞう」講習。

●**三月一五日**
組合員ボランティアが、お茶会。

●**三月二五日**
ちばコープ、きやっせ物産展無料招待バス招待。

●**三月二八日**
組合員ボランティアが、スマイルカフェと「まけないぞう」講習。

四月

●**四月**
取引先のコープミート千葉が、煮込みうどんやテイッシュペーパー等の支援物資を提供。

●**四月四日**
組合員ボランティアが、スマイルカフェと「まけないぞう」講習。

●**四月一四日**
取引先のコープミート千葉が、煮込みうどんやテイッシュ等の支援物資を提供。

●**四月二五日**
組合員ボランティアが、スマイルカフェ。

五月

●**五月九日**

組合員ボランティアが、スマイルカフェと「まけないぞう」講習。

●五月一五日
組合員ボランティアが、スマイルカフェと押し花体験。

●五月二三日
組合員ボランティアが、スマイルカフェ。

六月

●六月一〇日
地域のガールスカウトの子どもたちが、ふれあいの場を提供。

●六月一三日
組合員ボランティアが、スマイルカフェ「とまけないぞう」講習。

●六月一六日
取引先のコープミート千葉が、煮込みうどんやティッシュペーパー等の支援物資を提供。

●六月二〇日
組合員ボランティアが、スマイルカフェと押し花体験。

●六月二七日
組合員ボランティアが、スマイルカフェと絵手紙講習。

七月

●七月一一日
組合員ボランティアが、スマイルカフェと「まけないぞう」講習。

●七月一八日
組合員ボランティアが、スマイルカフェと押し花体験。

●七月二五日
組合員ボランティアが、スマイルカフェ。

八月

●八月八日
組合員ボランティアが、スマイルカフェと手ごねせっけんづくり。

●八月二七日

組合員ボランティアが、スマイルカフェと広島お好み焼き講習。

●**八月二九日**
組合員ボランティアが、スマイルカフェとスイーツデコ講習。

九月

●**九月五日**
地域のボランティアグループが、貼り絵講習。

●**九月二六日**
組合員ボランティアが、スマイルカフェ。

一〇月

●**一〇月二〇日**
取引先のコープミート千葉が、煮込みうどんやティッシュペーパー等の支援物資を提供。

●**一〇月二〇日**
取引先のクラブコスメチックスが、お化粧講習会。

●**一〇月二八日**
房総食料センター秋祭りへ無料バス招待。

一一月

●**一一月二八日**
組合員ボランティアが、スマイルカフェとたまごのポプリ作り講習。

●**一一月二八日**
取引先の小川珈琲が、コーヒーの入れ方講習。組合員ボランティアが、粘土細工講習。

●**一一月二八日**
地域のボランティアグループが、貼り絵講習。

一二月

●**一二月二三日**
職員・組合員・地域ボランティアが、カレーライスや電気ストーブ等の生協支援物資を提供。

資料4　宮城県東松島市の仮設住宅への支援活動

【二〇一一年】

一一月

● **一一月六～七日**
矢本第一仮設住宅のふれあい喫茶。

● **一一月二〇～二一日**
矢本第一仮設住宅のふれあい喫茶。

一二月

● **一二月四～五日**
矢本第一仮設住宅のふれあい喫茶。

● **一二月一八～一九日**
矢本第一仮設住宅のふれあい喫茶。

【二〇一二年】

一月

● **一月八～九日**
矢本第一仮設住宅のふれあい喫茶。

● **一月二二～二三日**
矢本第一仮設住宅のふれあい喫茶。

二月

● **二月五～六日**
矢本第一仮設住宅のふれあい喫茶。

● **二月一九～二〇日**
矢本第一仮設住宅のふれあい喫茶。

三月

● **三月四～五日**

矢本第一仮設住宅のふれあい喫茶。
●三月一八〜一九日
矢本第一仮設住宅のふれあい喫茶。

四月……

●四月一〜二日
矢本第一仮設住宅のふれあい喫茶。
●四月一五〜一六日
矢本第一仮設住宅と鷹生の森運動公園仮設住宅のふれあい喫茶。

五月……

●五月六〜七日
矢本第一仮設住宅と鷹生の森運動公園仮設住宅のふれあい喫茶。
●五月二〇〜二一日
矢本第一仮設住宅と鷹生の森運動公園仮設住宅のふれあい喫茶。

六月……

●六月三〜四日
矢本第一仮設住宅と鷹生の森運動公園仮設住宅のふれあい喫茶。
●六月一七〜一八日
矢本第一仮設住宅と鷹生の森運動公園仮設住宅のふれあい喫茶。

七月……

●七月一〜二日
矢本第一仮設住宅と鷹生の森運動公園仮設住宅のふれあい喫茶。
●七月一五〜一六日
矢本第一仮設住宅と鷹生の森運動公園仮設住宅のふれあい喫茶。

八月……

●八月五〜六日
矢本第一仮設住宅と鷹生の森運動公園仮設住宅

のふれあい喫茶。

- **八月一九〜二〇日**
  矢本第一仮設住宅と鷹生の森運動公園仮設住宅のふれあい喫茶。

九月……………………

- **九月二〜三日**
  矢本第一仮設住宅と鷹生の森運動公園仮設住宅のふれあい喫茶。
- **九月一六〜一七日**
  矢本第一仮設住宅と鷹生の森運動公園仮設住宅のふれあい喫茶。
- **九月三〇日〜一〇月一日**
  矢本第一仮設住宅と鷹生の森運動公園仮設住宅のふれあい喫茶。

一〇月……………………

- **一〇月一四〜一五日**
  矢本第一仮設住宅と鷹生の森運動公園仮設住宅のふれあい喫茶。

一一月……………………

- **一一月四〜五日**
  矢本第一仮設住宅と鷹生の森運動公園仮設住宅のふれあい喫茶。
- **一一月一八〜一九日**
  矢本第一仮設住宅と鷹生の森運動公園仮設住宅のふれあい喫茶。

一二月……………………

- **一二月二〜三日**
  矢本第一仮設住宅と鷹生の森運動公園仮設住宅のふれあい喫茶。
- **一二月一六〜一七日**
  矢本第一仮設住宅と鷹生の森運動公園仮設住宅のふれあい喫茶

東日本大震災による県内の被害状況

（平成24年3月1日15時現在　千葉県防災危機管理監防災危機管理課調べ）

被害の概況

【人的被害】　○死　者　２０人　○行方不明者　２人　○負傷者　２５１人

【建物被害】　○全　壊　７９８棟　○半　壊　９，９２３棟　○一部破損　４６，８２８棟
○床上浸水　１５４棟　○床下浸水　７２２棟　○建物火災　１５件

各地の主な被害

地震による被害のあった市町
地震や津波による被害のあった市町

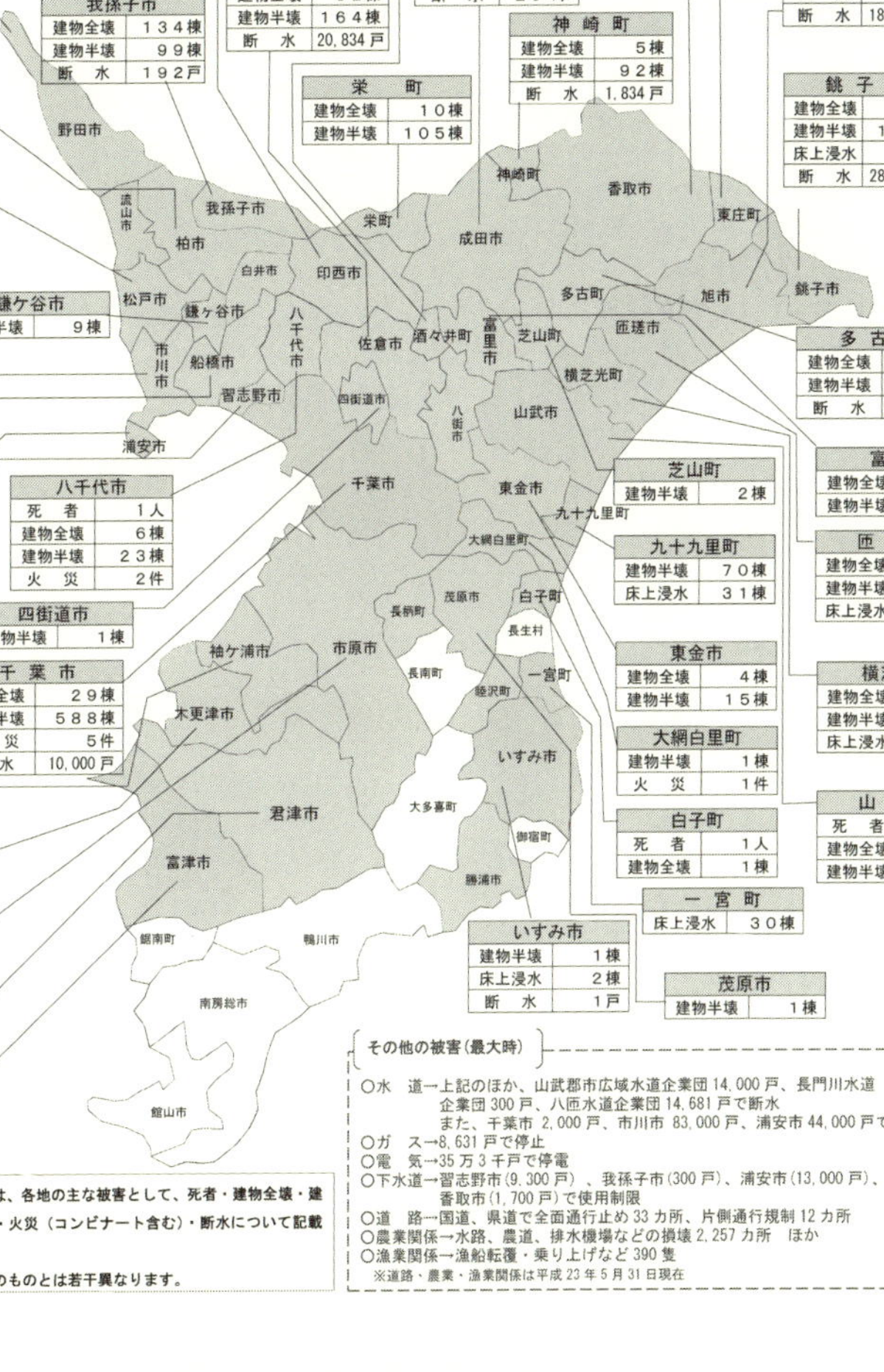

野田市	
死　者	１人
建物全壊	１棟
建物半壊	６棟
火　災	１件

柏　市	
死　者	１人
建物全壊	１棟
建物半壊	１０棟
断　水	２０戸

松戸市	
建物全壊	８棟
建物半壊	１３２棟

市川市	
建物全壊	９棟
建物半壊	３７棟
火　災	２件

船橋市	
建物全壊	１３棟
建物半壊	４１８棟
火　災	１件
断　水	３０戸

浦安市	
建物全壊	１０棟
建物半壊	3,648棟
断　水	33,000戸

習志野市	
死　者	１人
建物全壊	９棟
建物半壊	７０４棟
火　災	１件
断　水	5,400戸

袖ケ浦市	
建物半壊	１棟

木更津市	
断　水	78戸

市原市	
コンビナート火災	１件
建物半壊	１棟
断　水	180戸

君津市	
断　水	４４６戸

富津市	
床上浸水	４棟

印西市	
建物全壊	１１棟
建物半壊	７３棟
断　水	4,700戸

我孫子市	
建物全壊	１３４棟
建物半壊	９９棟
断　水	１９２戸

鎌ケ谷市	
建物半壊	９棟

八千代市	
死　者	１人
建物全壊	６棟
建物半壊	２３棟
火　災	２件

四街道市	
建物半壊	１棟

千葉市	
建物全壊	２９棟
建物半壊	５８８棟
火　災	５件
断　水	10,000戸

酒々井町	
建物全壊	１棟
建物半壊	１棟
火　災	１件

佐倉市	
建物全壊	３２棟
建物半壊	１６４棟
断　水	20,834戸

栄　町	
建物全壊	１０棟
建物半壊	１０５棟

香取市	
建物全壊	９５棟
建物半壊	2,197棟
断　水	19,800戸

成田市	
建物全壊	４棟
建物半壊	６２棟
断　水	２９４戸

神崎町	
建物全壊	５棟
建物半壊	９２棟
断　水	1,834戸

東庄町	
死　者	１人
建物全壊	３棟
建物半壊	１０棟
断　水	3,970戸

旭　市	
死　者	１３人
建物全壊	３１８棟
建物半壊	８５０棟
床上浸水	６２棟
火　災	１件
断　水	18,736戸

銚子市	
建物全壊	２５棟
建物半壊	１２５棟
床上浸水	１１棟
断　水	28,000戸

多古町	
建物全壊	２棟
建物半壊	５棟
断　水	７５８戸

富里市	
建物全壊	１１棟
建物半壊	７棟

匝瑳市	
建物全壊	７棟
建物半壊	１９棟
床上浸水	９棟

横芝光町	
建物全壊	６棟
建物半壊	８棟
床上浸水	５棟

山武市	
死　者	１人
建物全壊	４３棟
建物半壊	４３８棟

芝山町	
建物半壊	２棟

九十九里町	
建物半壊	７０棟
床上浸水	３１棟

東金市	
建物全壊	４棟
建物半壊	１５棟

大網白里町	
建物半壊	１棟
火　災	１件

白子町	
死　者	１人
建物全壊	１棟

一宮町	
床上浸水	３０棟

いすみ市	
建物半壊	１棟
床上浸水	２棟
断　水	１戸

茂原市	
建物半壊	１棟

その他の被害（最大時）

○水　道→上記のほか、山武郡市広域水道企業団14,000戸、長門川水道企業団300戸、八匝水道企業団14,681戸で断水
また、千葉市 2,000戸、市川市 83,000戸、浦安市44,000戸で減水
○ガ　ス→8,631戸で停止
○電　気→35万3千戸で停電
○下水道→習志野市(9,300戸)、我孫子市(300戸)、浦安市(13,000戸)、香取市(1,700戸)で使用制限
○道　路→国道、県道で全面通行止め33カ所、片側通行規制12カ所
○農業関係→水路、農道、排水機場などの損壊2,257カ所　ほか
○漁業関係→漁船転覆・乗り上げなど390隻
※道路・農業・漁業関係は平成23年5月31日現在

※1．市町村ごとの表には、各地の主な被害として、死者・建物全壊・建物半壊・床上浸水・火災（コンビナート含む）・断水について記載しています。
2．各市町村域は実際のものとは若干異なります。

[著者略歴]

永井 雅子
(ながい まさこ)

1961年　北海道函館市生まれ
1985年　法政大学社会学部卒業
1993年　ちばコープ入協
2004年　月刊『CO・OP navi』のライター活動開始
2005年　コープネット事業連合に出向
著書『生協ってなんだろう？　27人が語る生協で働き続ける理由』(2006年)、『地域とともに産み・育み・看とる』(2007年)、『もうひとつの「安全」「安心」生協の安全運転』(2009年)(いずれもコープ出版)

シリーズ・これからの地域づくりと生協の役割 2

くらしとともに　地域とともに

――寄りそう力で未来をつくる

［発行日］2013年2月20日　初版1刷

［検印廃止］

［著　者］永井雅子

［発行者］芳賀唯史

［発行元］日本生活協同組合連合会出版部
〒150-8913　東京都渋谷区渋谷3-29-8　コーププラザ
TEL 03-5778-8183

［発売元］コープ出版㈱
〒150-8913　東京都渋谷区渋谷3-29-8　コーププラザ
TEL 03-5778-8050
http://www.coop-book.jp

［制　作］OVERALL

［印　刷］日経印刷㈱

Printed in Japan

ISBN978-4-87332-319-0